新时代普通高中育人模式变革研究

李建民 等著

西南大学出版社
国家一级出版社
全国百佳图书出版单位

图书在版编目(CIP)数据

新时代普通高中育人模式变革研究 / 李建民等著
. -- 重庆：西南大学出版社, 2022.9
ISBN 978-7-5697-0933-9

Ⅰ.①新… Ⅱ.①李… Ⅲ.①高中—教育改革—研究
—中国 Ⅳ.①G639.21

中国版本图书馆CIP数据核字(2022)第165531号

新时代普通高中育人模式变革研究
XINSHIDAI PUTONG GAOZHONG YUREN MOSHI BIANGE YANJIU

李建民 等著

责任编辑：路兰香
责任校对：熊家艳
装帧设计：闰江文化
排　　版：杜霖森
出版发行：西南大学出版社(原西南师范大学出版社)
　　　　　地址：重庆市北碚区天生路2号
　　　　　市场营销部电话：(023)68868624
印　　刷：重庆新荟雅科技有限公司
幅面尺寸：170mm×240mm
印　　张：9.75
字　　数：180千字
版　　次：2022年9月　第1版
印　　次：2022年9月　第1次印刷
书　　号：ISBN 978-7-5697-0933-9
定　　价：48.00元

前 言

我国普通高中教育改革已经发展到关键历史节点。《国务院办公厅关于新时代推进普通高中育人方式改革的指导意见》提出普通高中育人方式改革的目标,即"到2022年,德智体美劳全面培养体系进一步完善,立德树人落实机制进一步健全。普通高中新课程新教材全面实施,适应学生全面而有个性发展的教育教学改革深入推进,选课走班教学管理机制基本完善,科学的教育评价和考试招生制度基本建立,师资和办学条件得到有效保障,普通高中多样化有特色发展的格局基本形成",从构建全面培养体系、优化课程实施方案、创新教学组织管理、加强学生发展指导、完善考试和招生制度、强化师资和条件保障等六个方面全面部署普通高中育人方式改革。在国家政策的支持下,截至2020年11月份,已经有河南、江西、安徽等地出台了实施意见。大部分发文主体为省政府,个别地方采取多政府部门联合发文或由省委教育工作领导小组秘书组牵头发文的方式,充分显示了各地对于推进普通高中育人方式改革的决心。

普通高中育人方式改革是一个庞大的系统工程,既关涉教育系统内部也关涉教育系统外部,需要政府、社会、学校、家庭共同发力。这些内外因素的交织叠加,最终都会体现在学校层面上,集中体现为学校育人模式的变革。育人模式变革需要明确当前普通高中教育所面临的现状,包括高中教育事业发展状况、高中教育相关政策、技术环境等。党的十八大以来,我国普通高中教育快速发展,普及水平显著提高,截至2019年底,高中阶段教育毛入学率达到89.5%,距离90%的普及目标仅0.5个百分点。普及水平的大幅提升,不仅给广大初中毕业生带来了更多的升学机会,同时也使得学校类型更加多样化,普通高中多样化发展的要求和必要性更加明显。而普通高中多样化发展必须以每所学校的特色发展为前提,这就要求普通高中转变育人模式,真正满足学生多样化、个性化发展的需求。

那么,何谓育人模式?影响育人模式的关键要素有哪些?如何推动育人模式的转型?这些理论性问题便应运而生。为此,本书从本体论的视角出发,对普通高中育人模式进行理论性探讨,清楚辨别育人方式与育人模式的联系与区别,厘定影响育人模式的关键要素,探讨育人模式变革的路径与策略等。

针对推动普通高中育人模式变革,已有部分地区和学校进行了探索和尝试。江苏省作为我国基础教育改革的"先锋",率先启动普通高中课程基地建设,以环境变革倒逼教学改革,从学科教学转向学科育人,促进学生自主学习和个性化发展,满足学生多方面的成长需要。江苏省普通高中课程基地建设实际上抓住了"课程"这个育人模式的核心要素,"以小博大",以点带面,通过深化课程改革促进育人模式整体转型,从而提供了一个以课程基地建设促进普通高中育人模式转型的区域样本。北京市育英学校则立足学校文化和办学理念,以课程为突破口,通过构建符合新时代要求、体现育英特色的学校课程体系,推动普通高中育人模式变革。成都七中和上海市西郊学校则借助信息技术,改变了传统的教育资源供给方式,推动教育教学深度变革,最终实现育人模式的变革。

面对当前高中阶段教育的发展要求,普通高中学校练好"内功",着力提升育人能力是决定育人模式改革的关键。每个地区和学校都需要根据本地区、本学校的实际发展情况,制订切实可行的支持策略,推动普通高中学校转变育人模式,满足全体学生的共同发展需要,同时满足每个学生的个性化发展需要,为每一个学生提供适合的成长环境。

目 录

前　言 …………………………………………………………1

第一章
我国普通高中教育发展总体形势 ……………………………1

一、高中教育走向普及，西部地区普通高中教育资源供给持续增长 ……………………………………………1

二、普通高中教育投入稳中有升，有效保障学校正常运转 …………………………………………………………8

三、普通高中教师配置保持高水平，有力地支持教育高质量发展 …………………………………………………12

四、普通高中办学条件持续改善，大班额比例明显降低 …………………………………………………………16

第二章
高中教育政策撑起育人模式变革大格局 ………20

一、从"精英"到"多样"：促进学生全面而有个性发展的价值导向 ……………………………………………20

二、从"并举"到"融通":普职关系调整使育人模式丰富成为可能…………………………………………23
　　三、从"单一"到"多元":考试招生制度改革要求育人模式变革……………………………………………27
　　四、从"知识"走向"素养":普通高中课程改革强化育人模式落地的载体………………………………30

第三章
普通高中育人模式的理论探讨 ……………34
　　一、育人方式与育人模式……………………………34
　　二、育人模式变革中的主要问题……………………36
　　三、育人模式变革的路径与策略……………………39

第四章
普通高中的育人目标 ………………………44
　　一、外国语学校育人目标的总体特征………………44
　　二、外国语学校育人目标的问题解析………………48
　　三、外国语学校育人目标的优化对策………………51

第五章
普通高中的新课程实施 ……………………56
　　一、新时代普通高中课程标准的修订情况…………56
　　二、新时代普通高中课程实施的主要任务…………59
　　三、新时代普通高中课程实施的突出问题…………64
　　四、优化新时代普通高中课程实施的策略…………66

第六章
普通高中学生发展指导 ……………………70
　　一、学生发展指导是育人模式的重要组成部分……70
　　二、各地普通高中学生发展指导内容与形式多样…72

三、普通高中学生发展指导策略仍需进一步完善…75
　　四、普通高中学生发展指导的校本实践…………76
　　五、普通高中学生发展指导有效推进的对策建议…80

第七章
普通高中育人模式变革与信息技术 …………85
　　一、信息技术为普通高中育人模式变革提供诸多可能…85
　　二、利用信息技术推动育人模式变革仍面临诸多挑战…91
　　三、智能时代普通高中育人模式变革方向…………94

第八章
普通高中育人模式变革的区域样本——江苏 …101
　　一、课程基地促进育人模式转型的现实背景…101
　　二、课程基地促进育人模式转型的重要策略…103
　　三、课程基地促进育人模式转型的技术路径…………109
　　四、课程基地促进育人模式转型的样本意义…………113

第九章
普通高中育人模式变革的学校样本——北京市育英学校……………………………………………………117
　　一、学校课程改革背景………………………117
　　二、育英课程体系建构与实施………………119
　　三、课程管理机制与评价方法………………129

第十章
普通高中育人模式变革的路径样本——远程教学 …132
　　一、全日制远程教学 …………………………132
　　二、全日制远程教学"四个同时"教学模式…………134
　　三、全日制远程教学重塑教育生态 ………………135
　　四、全日制远程教学取得的成效 …………………138

　　后记……………………………………………144
　　参考文献………………………………………146

第一章

我国普通高中教育发展总体形势[①]

在国家和地方的大力推进和共同努力下,我国高中教育发展已经进入了以质量为核心的现代化阶段,普及水平稳步提升,已经达到甚至超过经济合作与发展组织(OECD)国家平均水平。党的十八大以来,在国家各项政策的支持和推进下,高中教育事业发展尤其是普通高中教育初步形成了多样化的发展格局,正处于从"育分"向"育人"转变的过程中。高中教育保障水平稳步提升,高中教育供给短板得到有效弥补,教师队伍素质水平保持高位,为贯彻落实新高考、新课改政策要求提供了更为有力的基础支撑。

一、高中教育走向普及,西部地区普通高中教育资源供给持续增长

1.高中阶段教育普及水平稳步提升

教育普及是我国高中教育发展的重要政策导向之一,也是我国迈向教育现代化强国的重要基础。2010年颁布的《国家中长期教育改革和发展规划纲要(2010—2020年)》中已经明确提出"加快普及高中阶段教育"的工作任务。2017年,为提升高中阶段教育普及水平,教育部联合国家发展改革委、财政部、人力资源和社会保障部等印发《高中阶段教育普及攻坚计划(2017—2020年)》,进一步明确了有质量普及的政策导向,全面部署普及攻坚的重点任务

[①] 本章所使用数据若无特殊说明,均来自各年度《中国教育统计年鉴》《全国教育经费执行情况统计公告》。

和主要措施等,为如期实现90%的普及目标提供可靠保障。

从高中阶段教育规模来看,2020年,全国共有高中阶段学校24457所,包括普通高中14235所,成人高中326所和中等职业教育学校9896所。这些学校共为4163.02万名学生提供高中教育服务,其中,2494.45万人就读于普通高中。

从高中阶段教育普及情况来看,尽管教育规模有所减少,但与15~17岁适龄人口总数相比,高中阶段教育毛入学率则呈现明显的增长趋势,同时,绝大部分初中毕业生选择继续升学。统计数据显示(如图1-1),2020年,初中毕业生升学率已经达到95.7%,高中阶段教育毛入学率也进一步增加到91.2%,如期实现了高中阶段教育毛入学率达到90%的普及目标。可以看到,适龄人口接受高中阶段教育的机会明显增加,办学规模基本能够满足初中毕业生接受高中阶段教育的需求。

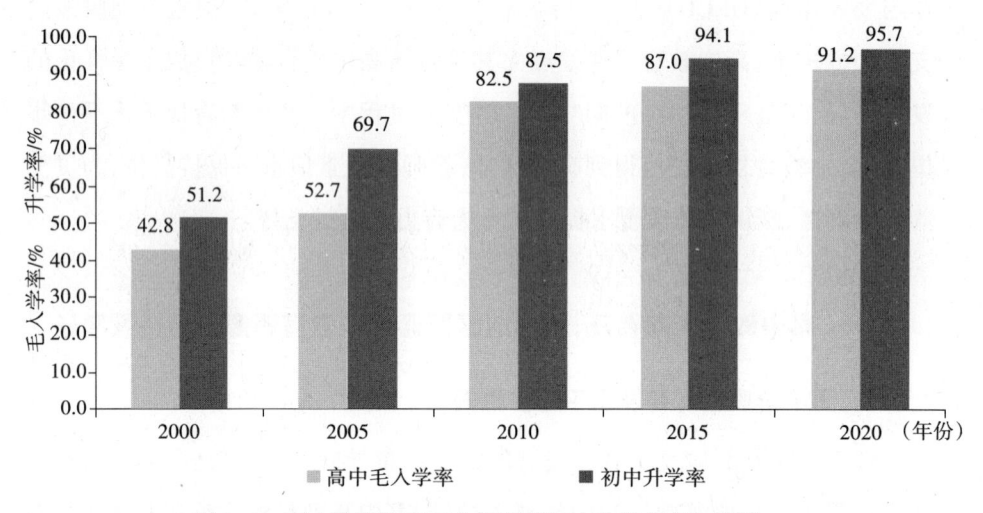

图1-1 高中阶段教育毛入学率和初中升学率变化情况

由于高中阶段教育普及水平的提升以及产业转型升级对劳动力需求变化的影响,社会对高中阶段教育更加重视,需求更加迫切。这种社会教育需求反映到教育统计数据上,表现为高中阶段教育中普通教育和职业教育规模比例的变化。从图1-2可以看到,在过去二十年的发展中,普通高中与中等职业教育的比例出现了此升彼降的"拉锯"式变化趋势,普通高中教育占比先升后降,自2015年以来徘徊在60%左右。这样的变化趋势从一个侧面反映了人民群众对高中阶段教育的需求取向,即更愿意选择普通教育,同时也反映出"普职比大体相当"政策在新时代教育走向现代化背景下的局限性。

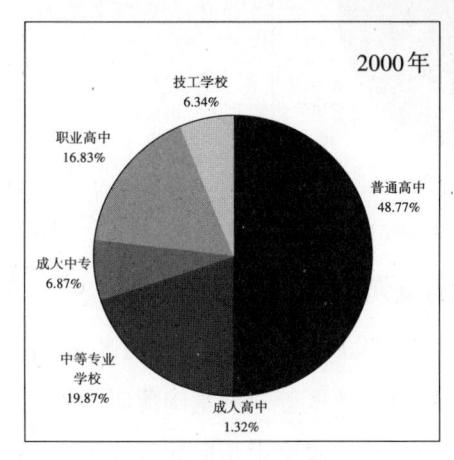

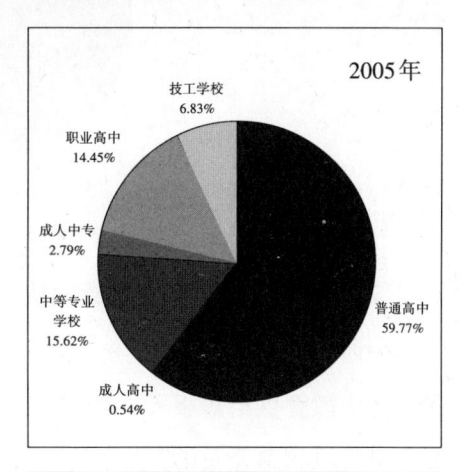

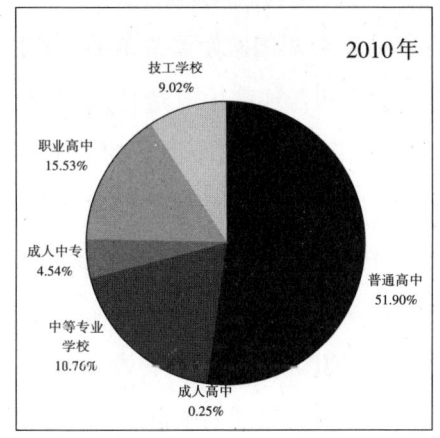

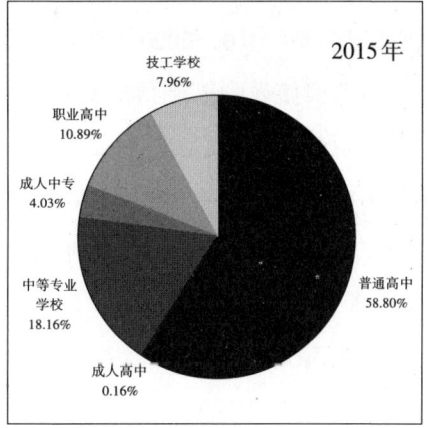

2000年
- 普通高中 48.77%
- 成人高中 1.32%
- 中等专业学校 19.87%
- 成人中专 6.87%
- 职业高中 16.83%
- 技工学校 6.34%

2005年
- 普通高中 59.77%
- 成人高中 0.54%
- 中等专业学校 15.62%
- 成人中专 2.79%
- 职业高中 14.45%
- 技工学校 6.83%

2010年
- 普通高中 51.90%
- 成人高中 0.25%
- 中等专业学校 10.76%
- 成人中专 4.54%
- 职业高中 15.53%
- 技工学校 9.02%

2015年
- 普通高中 58.80%
- 成人高中 0.16%
- 中等专业学校 18.16%
- 成人中专 4.03%
- 职业高中 10.89%
- 技工学校 7.96%

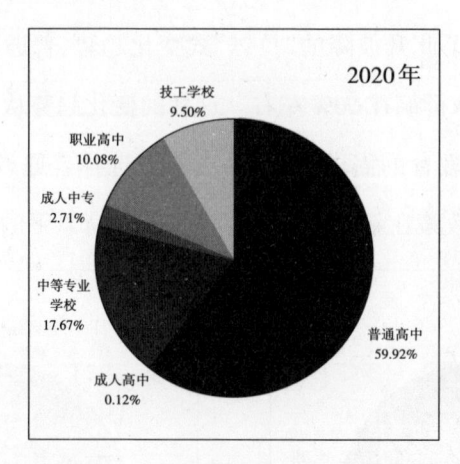

图1-2 高中阶段教育构成情况

2.西部地区高中教育供给短板得到有效弥补

中西部地区,尤其是西部地区是我国教育发展需要重点关注的区域,是我国高中教育供给短板。中西部贫困地区、边远地区等教育基础薄弱地区可谓高中阶段教育普及的"最后一公里"。[①]鉴于此,《国家中长期教育改革和发展规划纲要(2010—2020年)》出台后,教育部分别会同国家发展改革委、财政部,启动实施教育基础薄弱县普通高中建设项目和普通高中改造计划,并在实施过程中根据实际发展需要扩大项目覆盖范围,合理加大项目的资助力度,2017年至2019年累计投入231.52亿元,支持建设(含新建和改扩建)高中阶段学校4401所,[②]扩充了中西部地区普通高中教育资源,改善了中西部地区普通高中办学条件。

在国家政策的支持下,中西部地区尤其是西部地区高中阶段教育发展提速,普通高中教育规模稳步扩大。从统计数据来看,东部地区普通高中教育规模增加到高峰后呈现微弱缩减的趋势,相比之下,中部地区普通高中教育规模在2005年之后基本保持在800万人左右,西部地区普通高中教育规模一直保持缓慢增长的态势,到2020年已超过757万人(图1-3、表1-1)。东部、中部和西部的普通高中教育资源供给的差距逐渐缩小,推动了普通高中教育公平水平的提升。

[①] 王家源.高中阶段教育普及攻坚取得积极成效[N].中国教育报,2020-4-13.
[②] 王家源.高中阶段教育普及攻坚取得积极成效[N].中国教育报,2020-4-13.

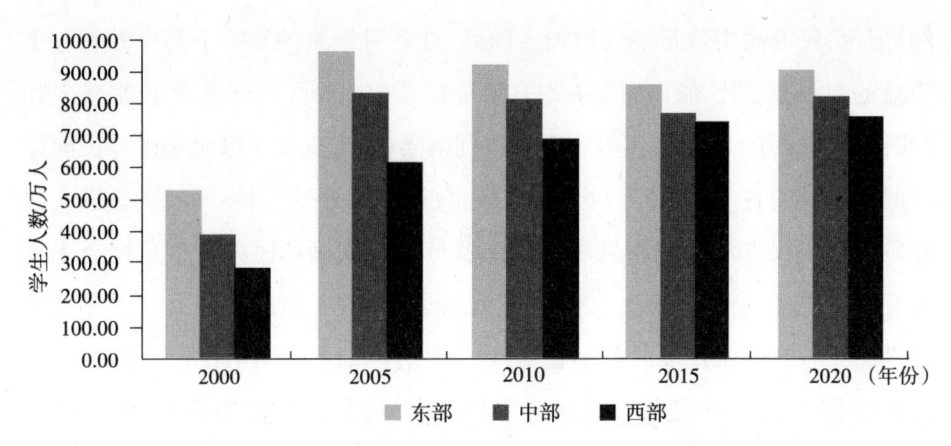

图1-3 东中西部地区普通高中在校生规模变化情况

表1-1 东中西部地区普通高中在校生规模变化统计数据

单位：万人

地区	2000年	2005年	2010年	2015年	2020年
东部	527.43	960.23	926.12	858.10	908.05
中部	393.09	830.18	810.43	771.23	829.12
西部	280.74	618.69	690.78	745.07	757.28

3.办学体制多样化持续推进

普通高中多样化是我国高中教育发展的重要政策取向。早在2010年，《国家中长期教育改革和发展规划纲要（2010—2020年）》已经明确提出推动普通高中多样化发展的政策要求，北京、上海、黑龙江、新疆和南京等地进行普通高中多样化、有特色发展改革试点，探索多样化发展的实现途径、推进机制和保障体制。2012年教育部曾公布《关于推动普通高中多样化发展的若干意见》（征求意见稿），但并未成功落地，然而此举释放了国家对普通高中教育发展的一个重要政策信号，即未来普通高中需要满足学生全面而有个性化发展的需求，要从"千校一面"逐步走向"一校一特色"，并形成多样化发展的格局。

在推动普通高中走向多样化的进程中，办学体制和办学类型是最为明显的特征指标。从民办高中学校数量变化情况来看，自20世纪90年代中期民办中小学起步发展，一直到2004年《中华人民共和国民办教育促进法实施条例》出台,民办高中数量持续增加。随后,在各种因素的影响下高中教育有了明显的"国进民退"倾向,民办高中数量跌至3000所以下,甚至一度减少到2371所(2012年)。2012年教育部为贯彻落实《国务院关于鼓励和引导民间投资健康发展的若干意见》等,出台了《教育部关于鼓励和引导民间资金进入教育领域促进民办教育健康发展的实施意见》,再次确认民办教育是社会主义教育事业的重要组成部分。2016年,在《国务院关于鼓励社会力量兴办教育促进民办教育健康发展的若干意见》以及《中华人民共和国民办教育促进法》的推动下,民办高中数量一直保持增长势头,到2020年增加到3694所,在全国普通高中学校中的占比也增长到25.95%(见图1-4、表1-2),民办高中成为推动普通高中教育多样化、有特色发展的重要生长点。

图1-4 全国民办普通高中数量变化情况

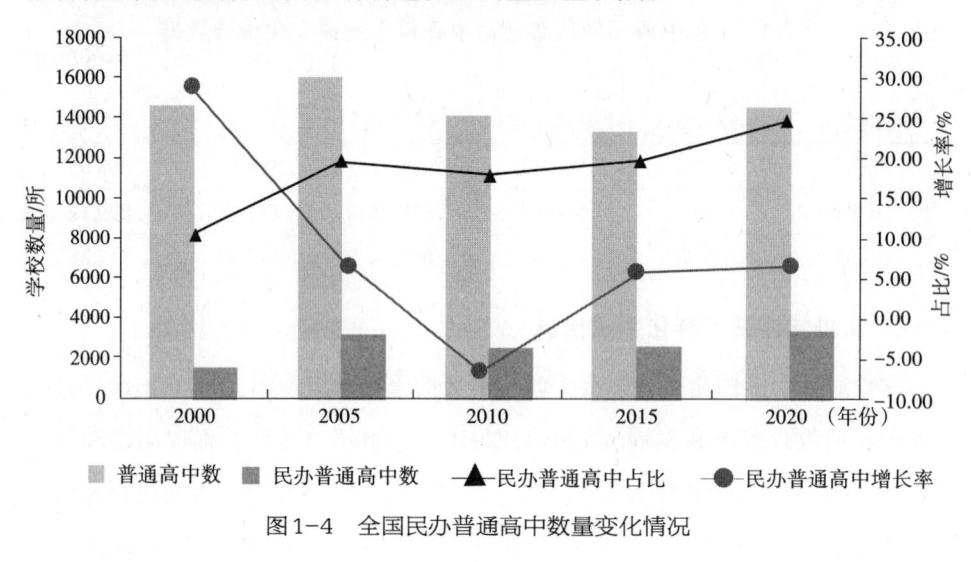

表1-2 全国民办普通高中数量变化统计

年份	2000	2005	2010	2015	2020
普通高中数(所)	14564	16092	14058	13240	14235
民办普通高中数(所)	1517	3175	2499	2585	3694
民办普通高中占比(%)	10.42	19.73	17.78	19.52	25.95
民办普通高中增长率(%)	28.89	7.52	-6.40	5.86	7.79

与此同时,普通高中学校办学类型也进一步走向多样,除了原有普通高中与完全中学两类,新出现了十二年一贯制学校,且与民办高中同步发展,促使K12一体化学校成为一类不可忽视的教育力量。统计数据显示,2011年,十二年一贯制学校进入教育统计中,成为独立的一种学制类型。自有相关统计数字以来,十二年一贯制学校从2011年的799所增加到2020年的1680所,其中2020年的占比为79.88%(见图1-5、表1-3)。可以看到,民办学校构成了十二年一贯制学校的主体部分。

图1-5 2011—2020年全国十二年一贯制学校数变化情况

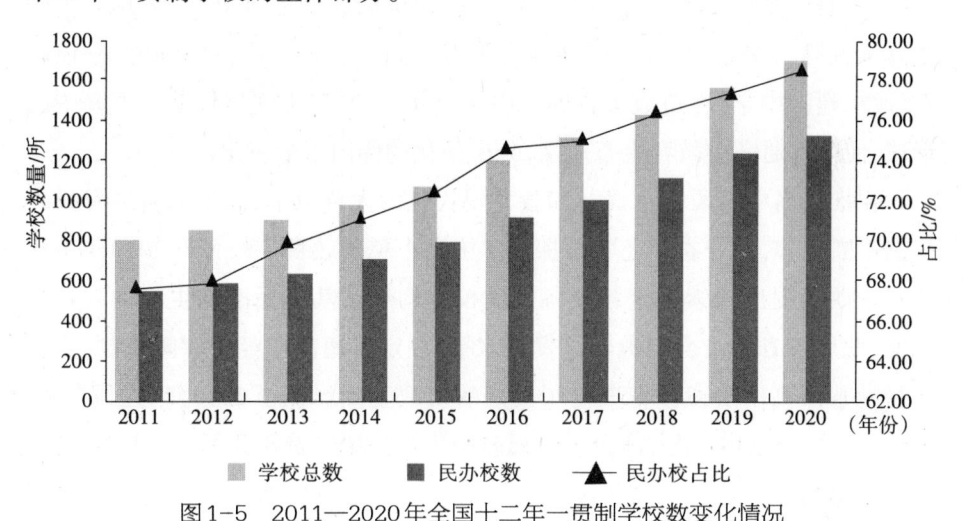

表1-3 2011—2020年全国十二年一贯制学校数变化统计

年份	2011	2012	2013	2014	2015	2016	2017	2018	2019	2020
学校总数(所)	799	854	900	987	1074	1198	1315	1427	1569	1680
民办校数(所)	544	589	637	711	796	910	1008	1114	1235	1342
民办校占比(%)	68.09	68.97	70.78	72.04	74.12	75.96	76.65	78.07	78.71	79.88

二、普通高中教育投入稳中有升,有效保障学校正常运转

1.高中教育经费保障机制建设向前推进

教育经费投入是普通高中实现高质量发展的重要保障。普通高中教育虽然被纳入基础教育范畴,但受到普及义务教育、发展高等教育的影响,普通高中教育经费保障曾长期处于不足状态。为了解决普通高中教育经费问题,2001年国家曾出台允许高中学校招收"三限生"(即限分数、限人数、限钱数)的政策,直到我国财政性教育经费投入占GDP的比例超过4%以后这一政策才逐渐废除。在这段时期,一些地方为解决高中教育资源供给问题,举债新建、改扩建高中学校,造成了普通高中债务问题,同时也间接促使巨型高中的形成,使得普通高中教育生态失衡,分层固化的倾向十分突出。

在推进高中阶段教育普及和教育现代化的大背景下,高中教育经费投入机制不断完善,部分省市还尝试探索实施高中免费教育。教育部2010年工作要点中明确提出探索制定各级各类学校生均经费基本标准和生均拨款基本标准,此后各省份结合当地经济发展水平,制定普通高中经费保障机制,为有质量地普及高中阶段教育奠定了良好的财政基础。截至2019年,全国31个省(自治区、直辖市)制定出台了普通高中生均公用经费拨款标准,21个省和5个计划单列市生均公用经费拨款标准超过每生每年1000元。普通高中生均公用经费拨款制度的建立健全,有效保障了学校的正常运转。例如,广东省2020年将全省普通高中生均公用经费拨款的最低标准由500元提高至1000元;海南省对省属高中生均公用经费按每生每年不少于1500元的标准由省财政全额拨付,市县高中按每生每年不少于1200元的标准由市县自行确定拨款标准拨付,同时,海南建立了省与市县分级保障的经费保障机制,由省财政按照生均每年300元的标准对市县公办普通高中进行补助。[①]

2.普通高中教育经费投入稳步增长

2020年全国普通高中生均一般公共预算教育事业费支出为17187.02元,比上年的16336.23元增长5.21%,其中,增长最快的五个省份是云南(30.97%)、宁夏(16.81%)、甘肃(12.64%)、吉林(11.72%)、内蒙古(9.58%),同

---

① 王家源.高中阶段教育普及攻坚取得积极成效[N].中国教育报,2020-4-13.

时,上海、江西、安徽、广西等省份的增幅低于全国平均水平,甚至有部分省份有所降低,例如天津(-5.49%)、湖北(-5.45%)等5个省份。2020年全国普通高中生均一般公共预算公用经费支出为4305.29元,比上年的3945.10元增长9.13%(见图1-6)。与生均教育事业费支出情况类似,重庆、江苏等17个省份的生均一般公共预算公用经费支出增幅低于全国平均水平,同时,天津、湖北等7个省份呈现负增长。这种情况一方面反映出由于受到区域经济发展状况的影响,各地对普通高中的教育经费保障能力和水平仍存在明显的差距,凸显出中央和地方各级政府制定普通高中教育经费保障机制的必要性。另一方面也反映出不同地区普通高中教育发展的差异性,尤其是生均一般公共预算公用经费支出增幅较大的省份集中在中西部,说明普及攻坚的任务还需要进一步巩固。

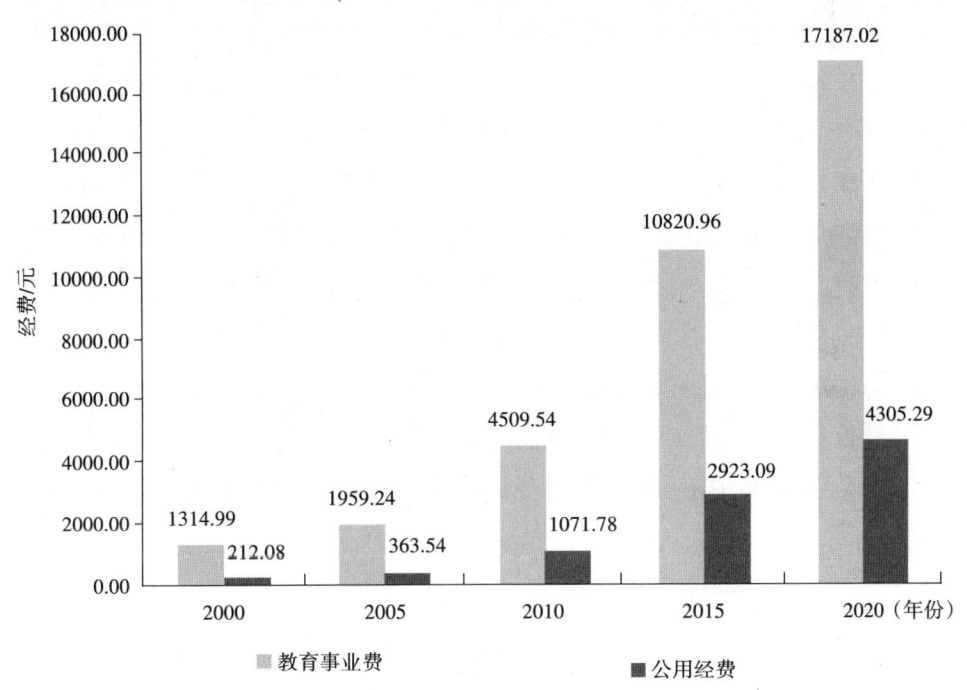

图1-6 普通高中生均一般公共预算教育事业费和公用经费增长情况

与此同时,内蒙古、新疆、西藏、青海、陕西等省份尝试探索实行高中教育免费。内蒙古是全国首个在全区范围内实现十二年免费教育的省份,从2011年开始首先对普通高中所有使用蒙古语和朝鲜语学习的学生、中等职业学校所有学生及普通高中使用汉语学习的家庭经济困难学生实行免学费和免费提供教科书的政策。免学费的标准是每人每年2000元,免教科书费的标准是每人每年550元至600元。2012年全区投入20亿元推进高中阶段"两免"政策的实施,提前实现自治区高中阶段免费教育,全区约82万名高中生受益。[1]陕西省从2016年秋季学期起实施高中三年免费政策,形成了包括学前一年在内的十三年免费教育。对公办普通高中学生按照省级价格主管部门当时批准的分类收费标准免除学费,其中省级标准化高中800元、城市普通高中350元、农村普通高中200元。对于在民办普通高中就读的学生,按照公办同类学校收费标准免除学费,高出免除标准部分由学生家庭负担。此外,陕西省内多个地区也早已开始实施十三年甚至十五年免费教育,如榆林市从2013年开始实施十五年免费教育,覆盖幼儿园、小学、初中、普通高中四个学段十五个年级。[2]湖南省在2016年提出,到2020年长沙全面普及十五年教育,逐步推行高中教育免费入学,推进十二年免费教育。[3]此外,在国家财政的大力支持下,西藏自治区从2012年秋季学期开始全面实现十五年免费教育。2013年,新疆从南疆三地州普通高中在校生实行免除学费开始,逐渐扩大覆盖范围,2017年《新疆维吾尔自治区高中阶段免费教育实施办法》出台后,开始全面实施高中阶段免费教育,普通高中免学费年生均1200元,免教材费年生均670元,免住宿费部分由同级财政承担寄宿管理和运行成本,助学金年生均2000元,教育资金投入重点向农村倾斜,向南疆四地州倾斜。[4]福建省厦门市从2017年开始在高中阶段逐步实施免费教育,到2020年全面实施高中阶段免费教育。[5]

3. 普通高中学生资助实现应助尽助

学生资助是保障公民受教育基本权利的重要举措,是推进教育公平的重要手段。近十年来,我国学生资助体系不断健全,2010年《财政部、教育部关

---

[1] 郝文婷.全面实现高中阶段免费教育的内蒙古经验[J].中国民族教育,2016(4).
[2] 沙璐.陕西全省实施13年免费义务教育[N].新京报,2016-8-25.
[3] 梁美兰.长沙将推进12年免费教育[N].潇湘晨报,2016-1-22.
[4] 赵西娅.12月1日起我区将全面实施高中阶段免费教育[N].新疆日报,2017-11-19.
[5] 许蔚菡.厦门今年起高中逐步实施免费教育 到2020年将全面免费[N].海溪晨报,2017-8-17.

于建立普通高中家庭经济困难学生国家资助制度的意见》提出,从2010年秋季学期开始实行"以政府为主导,国家助学金为主体,学校减免学费等为补充,社会力量积极参与"的普通高中家庭经济困难学生资助政策,明确普通高中国家助学金平均资助标准为每生每年1500元。2016年,《财政部、教育部关于免除普通高中建档立卡家庭经济困难学生学杂费的意见》提出,从2016年秋季学期起,免除公办普通高中建档立卡等家庭经济困难学生(含非建档立卡的家庭经济困难残疾学生、农村低保家庭学生、农村特困救助供养学生)学杂费,进一步扩大普通高中学生资助范围。

在普通高中学生资助体系不断完善的同时,资助金额也逐年增长。2010年普通高中学生资助金额为36亿元,到2020年增加到168.89亿元,资助普通高中学生1046.37万人次(图1-7、表1-4)。[①]普通高中学生的资助率稳定在20%左右,但对中西部地区采取倾斜政策,资助率可以按照实际情况进行调整。可以看到,普通高中学生资助体系自2010年建立以来,为一大批高中学生提供了资助,帮助其顺利完成学业,实现应助尽助,对我国普及高中阶段教育、延长新增劳动力受教育年限等发挥了不可忽视的积极作用。

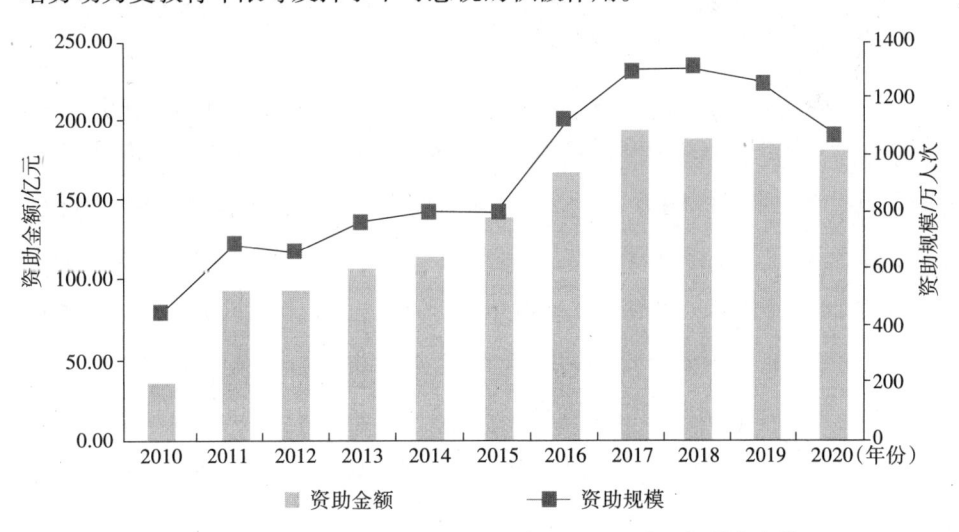

图1-7　2010—2020年普通高中学生资助金额及资助规模变化情况

---

① 教育部全国学生资助管理中心.中国学生资助发展报告(2020年),http://www.xszz.cee.edu.cn/index.php/shows/70/7263.html.

表1-4　2010—2020年普通高中学生资助金额及资助规模变化统计

年份	2010	2011	2012	2013	2014	2015	2016	2017	2018	2019	2020
资助金额(亿元)	36.00	94.62	93.59	107.36	115.12	139.28	167.50	193.80	189.79	185.01	168.89
资助规模(万人次)	644.60	644.60	691.57	788.53	798.22	790.12	1158.47	1310.42	1332.74	1240.23	1046.37

三、普通高中教师配置保持高水平,有力地支持教育高质量发展

1.普通高中教师配置情况稳步改善

教师是确保教育质量的重要因素,也是推动普通高中新课程改革和普通高中育人方式变革的中坚力量。教师队伍的素质能力、配置情况等对普通高中教育从"育分"走向"育人"、实现内涵式发展都具有十分重要的影响。教师配置情况通常以生师比为衡量指标,即一位教师平均所教授的学生数。通常情况下,学校教育中的生师比越低,教师所能分配给每个学生的关注越多,也越能满足学生个性化发展的需要。

从统计数据来看,伴随着我国普通高中教育规模的扩大以及教育教学改革的深入,全国普通高中专任教师总体规模持续扩大,到2019年,全国普通高中专任教师达到185.92万人。近十年来,普通高中专任教师数量增长率除个别年度外基本保持在2%以上。结合普通高中在校生数量来看,普通高中生师比自2004年以来逐年降低,2020年普通高中生师比达到12.90∶1,与2010年的15.99∶1相比明显降低,说明教师配置水平明显提高(图1-8、表1-5)。另一方面,从教师性别构成情况来看,普通高中教师由21世纪初男性教师为主转变为两性相对平衡的结构状况,为学生健康成长提供良好支持。

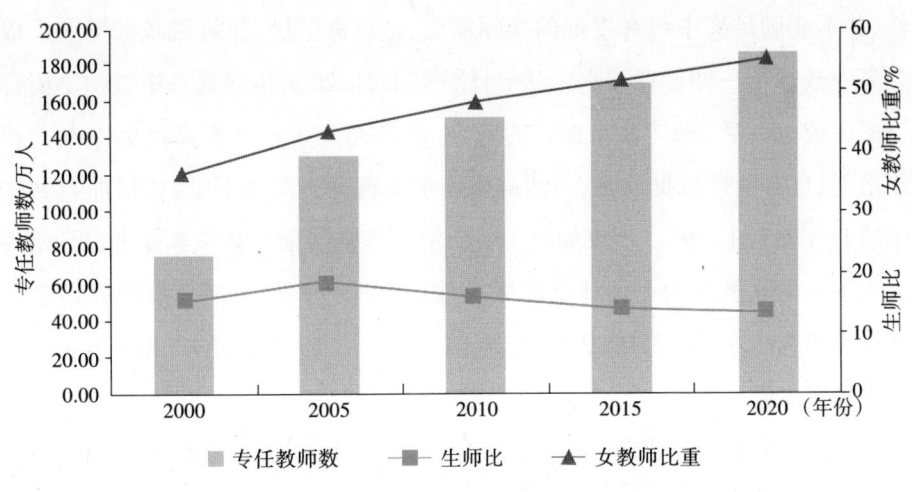

图1-8 普通高中专任教师数、生师比、女教师比重变化情况

表1-5 普通高中专任教师数、生师比、女教师比重统计

年份	2000	2005	2010	2015	2020
专任教师数(万人)	75.69	129.95	151.82	169.54	193.32
生师比	15.87	18.54	15.99	14.01	12.90
女教师比重(%)	36.09	42.99	47.66	51.35	55.64

2.普通高中师资质量持续提升

考试招生制度改革和普通高中新课程改革,给高中教师队伍建设提出了新挑战和新要求。例如,新高考政策的实施倒逼高中学校实行选课走班。教学组织形态的变化直接对教师配置提出挑战,原有教师配置方式已经不能满足新高考的需要。为应对这些新变化、新要求,必须将教师队伍建设摆在重要位置。尤其是党的十八大以来,国家多次出台教师队伍建设政策,重视和强化教师队伍建设,有效推动普通高中教师队伍整体质量的提升。

衡量师资队伍质量通常采取教师学历合格率这一指标,然而,伴随着我国高等教育普及水平的提升,高中教师学历合格率已经不足以衡量师资质量,相比之下,教师毕业院校、高学历教师(研究生毕业教师)的比例则成为衡量师资质量的重要指标。换言之,在新时代仅仅要求高中教师学历达到本科,并不能满足高中教育发展的实际需要,让更高学历、更好院校的毕业生成为高中教师是一种客观需求。从统计数据来看,2008年普通高中教师学历合格率突破90%后,保持稳步提升的态势,到2020年进一步提高到98.79%。相比之下,自有统计数据以来,普通高中高学历教师比例从不足1%增加到2020年的11.47%(图1-9)。不仅如此,北大、清华等全国顶尖高校毕业生也开始将进入中小学从教作为一种就业选择,例如,深圳中学2019年拟招聘的35名教师均是研究生学历,其中8人是博士(博士后),有20人是清华、北大毕业生,1人是哈佛大学毕业生。

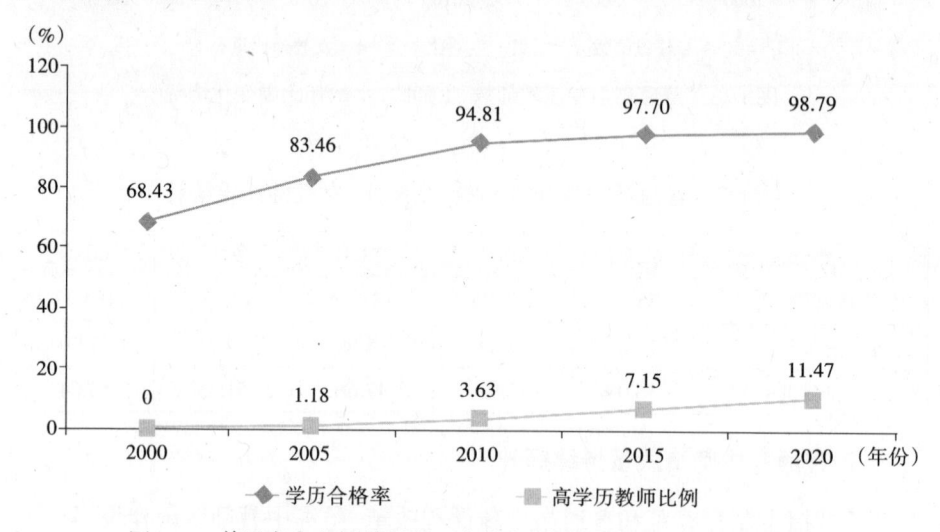

图1-9 普通高中专任教师学历合格率、高学历教师比例变化情况[①]

3.普通高中教师总量仍需进一步扩充

当前,我国高中教职工队伍总量已基本能够满足高中教育教学的总体需求,但是新高考和新课改的实施以及高中教育普及等改革和发展举措带来了高中教师总量需求增大和结构性缺编的问题,甚至在部分地区或学校出现教师总体超编与结构性缺编并存的现象。为了解决高中教师结构性缺编带来的师资短缺问题,各地普遍采取聘任代课教师和兼任教师的做法,临聘了大

---

① 2000年时教育事业统计中将教师学历分为本科毕业、专科毕业和高中及以下毕业三个类别,没有研究生毕业这一类。

量教师,弥补教师短缺问题,但同时也产生了一些新的问题,包括临聘教师待遇保障和管理问题、临聘教师专业发展权益问题等。

从统计数据来看,2019年普通中学①代课教师总数约6.1万人,兼任教师约1.8万人,占中学专任教师总数的1.24%,且主要存在于城区和镇区,其中教育部门主办的普通中学的代课教师和兼任教师数量占比较大。分省份来看,代课教师数量最多的5个省份依次是河南、山西、湖南、湖北、新疆,具体人数在3800~12000人之间(表1-6)。这恰恰说明普通中学临聘教师产生原因的复杂性,既有城镇化进程中学龄人口流动造成的区域性变化,也有新时代教育教学改革带来的新需求,还有生育政策等社会政策和新情况造成的临时性缺岗。

表1-6　2019年各地普通中学代课教师和兼任教师情况

人数(个)	代课教师	兼任教师
0~10	北京、浙江、西藏、云南	西藏
11~100	贵州、四川、辽宁	青海、陕西、宁夏
101~500	天津、重庆、吉林、广西、广东、江西、上海	新疆、福建、内蒙古、海南、吉林、上海、辽宁、黑龙江、重庆、浙江、江苏、广东、天津、湖南
501~1000	青海、内蒙古	贵州、河北、山东、湖北、安徽、云南、甘肃、山西
1001~2000	甘肃、宁夏、陕西	江西、四川、北京
2001~3000	山东、黑龙江	广西、河南
3001~4000	河北、福建、安徽、江苏、新疆、湖北	—
4000及以上	湖南、山西、河南	—
合计	60978人	18406人

资料来源:教育部发展规划司.中国教育事业发展统计简况2019(内部资料).

---

① 普通中学包括初级中学、九年一贯制学校、职业初中、完全中学、高级中学、十二年一贯制学校。

四、普通高中办学条件持续改善,大班额比例明显降低

1.普通高中办学条件持续改善

办学条件是保障教育质量的基础中之基础。《国家中长期教育改革和发展规划纲要(2010—2020年)》提出加快普及高中阶段教育、推动普通高中多样化发展的要求,2017年《高中阶段教育普及攻坚计划(2017—2020年)》中进一步提出"学校办学条件明显改善,满足教育教学基本需要"的目标和"加强条件保障"的重点任务。在国家教育经费投入持续增加并保持高位稳定的前提下,我国普通高中办学条件持续改善,设施设备配置达标学校比例攀升,为高中更好开展教育教学改革提供了重要基础支撑。

从统计数据来看,普通高中体育运动场馆面积达标学校、体育器械配备达标学校、音乐器材配备达标学校、美术器材配备达标学校、理科实验仪器配备达标学校[①]的比例持续提高,2020年分别达到93.05%、95.10%、94.31%、94.41%、94.91%(图1-10、表1-7),与2010年《国家中长期教育改革和发展规划纲要(2010—2020年)》刚刚颁布时相比均提高了10个百分点以上,基本满足了普通高中学校开展教育教学活动的需要。

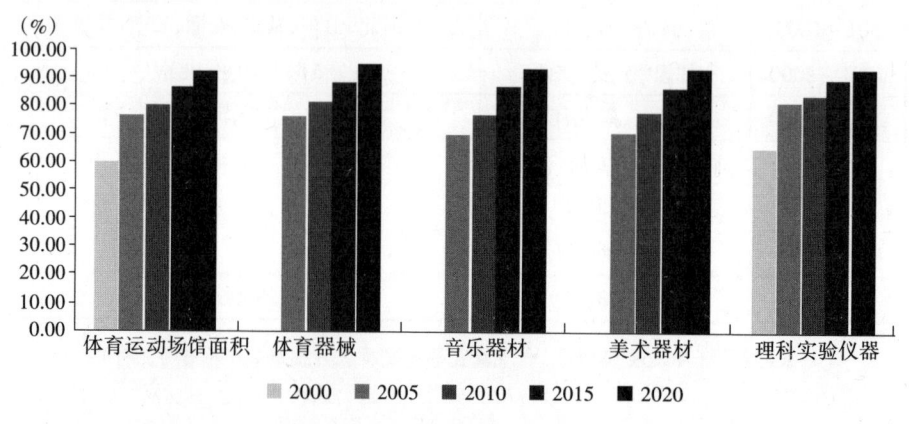

图1-10 普通高中各项办学条件达标学校比例变化情况

[①] 从2001年开始教育事业统计才将体育器械、音乐器材、美术器材纳入统计范畴,故2000年统计数据并无这三组数据。

表1-7　普通高中各项办学条件达标学校比例情况

单位:%

年份	体育运动场馆面积	体育器械	音乐器材	美术器材	理科实验仪器
2000	60.27	—	—	—	65.35
2005	76.38	76.78	70.22	81.28	81.28
2010	80.61	81.14	76.95	77.83	84.63
2015	87.10	88.80	87.50	87.60	89.80
2020	93.05	95.10	94.31	94.41	94.91

2.普通高中大班额化解成效明显

在普通高中硬件办学条件逐渐能够满足需求的情况下,软件建设的必要性和紧迫性也提上议事日程,尤其是在新高考、新课改同步实施的情况下,我国普通高中广泛存在的大班额问题,成为影响高中教育改革的重要阻力。因此,化解普通高中大班额成为新时代推进新高考、落实新课改的重要前置性任务。2017年,《高中阶段教育普及攻坚计划(2017—2020年)》明确将"普通高中大班额比例高"纳入攻坚重点,要求各地完善学校办学标准,加强学校办学条件建设,基本消除普通高中大班额现象,减少超大规模学校。2019年《国务院办公厅关于新时代推进普通高中育人方式改革的指导意见》(以下简称《指导意见》)要求各省(自治区、直辖市)制定消除普通高中大班额专项规划。

在国家政策的驱动下,各地结合实际制定了实施消除普通高中大班额专项规划,通过新建、改扩建学校等措施,加快消除普通高中大班额现象。例如,江西省把普及高中阶段教育作为教育脱贫攻坚的重要任务,制定消除普通高中大班额专项规划,明确提出到2020年底,全面消除66人以上超大班额,56人以上大班额比例控制在5%以内。河南省出台《关于加快改善普通高中办学条件切实解决大班额问题的意见》,实施消除普通高中大班额专项行动,2020年大班额、超大班额占比分别比2019年下降了21.92%、17.86%。从全国的数据来看,2020年全国普通高中大班额比例为9.45%,平均班额49.31人(图1-11、表1-8),为顺利实施课程改革和高考综合改革创造了有利条件。

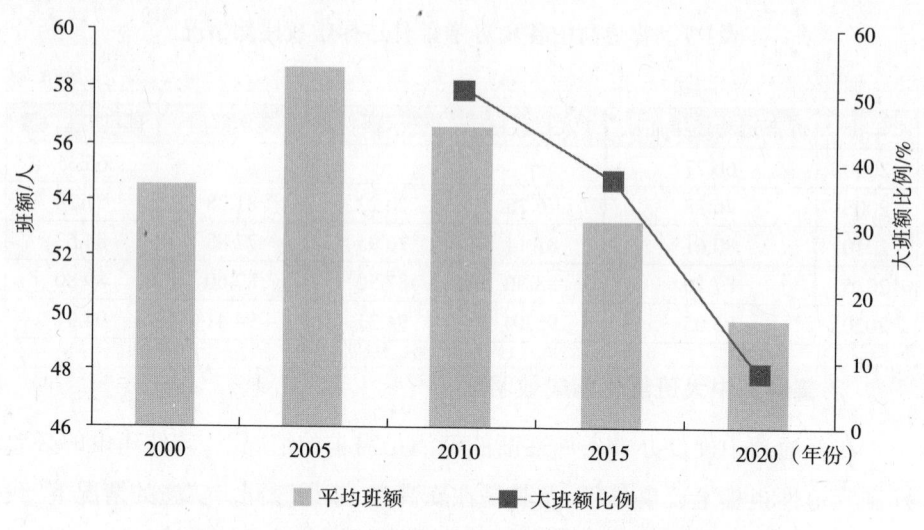

图 1-11 普通高中平均班额及大班额比例变化情况①

表1-8 普通高中平均班额及大班额比例变化统计

年份	2000	2005	2010	2015	2020
平均班额(人)	54.6	58.64	56.59	53.27	49.31
大班额比例(%)	—	—	51.19	37.29	9.45

3.信息化基础支撑能力不断提升

在信息化时代,普通高中教育发展离不开信息技术的支撑,信息技术与教育融合已经成为教育改革和发展的重要趋势,也是推动普通高中育人方式改革的重要路径。在当前的普通高中教育教学改革中,依托信息化技术的智慧校园建设、智慧教育活动开展已悄然在高中学校进行,个别先行先试的区域和学校则已经取得了示范性成果。2013年,《教育部关于实施全国中小学教师信息技术应用能力提升工程的意见》,2014年教育部出台《中小学教师信息技术应用能力标准(试行)》,全面关注教师信息技术应用能力的提升。2019年《指导意见》提出推进信息技术与教育教学深度融合,这就需要高中学校首先具有利用信息技术的基础条件,还要求普通高中教师具备相应的信息

---

① 2001年之前以及2005年度统计数据中没有普通高中班级规模的统计数据。

技术应用能力。从每百名学生的教学用计算机数量变化来看,近十年普通高中教学用计算机配置水平快速提高,从2010年的10.93台,增加到2020年的20.52台,为信息技术与高中教育融合提供了基础条件。

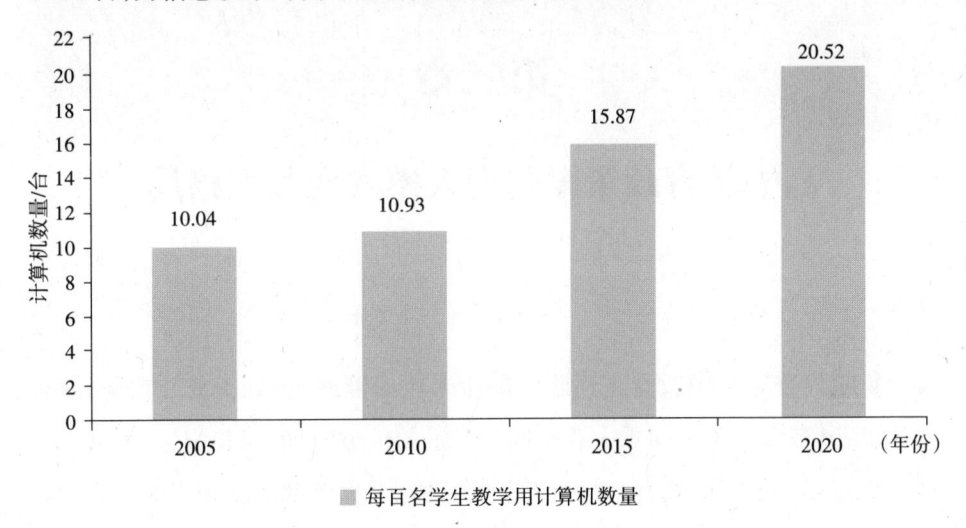

图1-12 普通高中每百名学生教学用计算机数量变化情况

第二章

高中教育政策撑起育人模式变革大格局

新时代普通高中教育正面临着前所未有的境遇,正处于普及攻坚、课程改革、高考综合改革三项重大改革同步推进的关键时期,不稳定性、不确定性和复杂性存在于高中教育的每个环节,各种社会思潮都潜在地影响着高中教育发展。当前,我国高中教育政策的"四梁八柱"已经基本构建起来,为高中教育实现高质量发展奠定了基础条件,育人模式变革作为转变普通高中育人方式的核心推手,也受到总体政策的影响。高中教育政策对于育人模式的影响,既有纵向历史惯性的影响,又有横向不同领域政策的影响。因此,本部分试图通过梳理普通高中教育管理体制、普职关系、高中课程改革、考试招生制度改革等几个影响育人模式变革的关键因素,分析高中育人模式变革的必要性和可能性。

一、从"精英"到"多样":促进学生全面而有个性发展的价值导向

在很长一段时间,我国的普通高中教育是精英取向的。国家为了"快出人才,出好人才",让人才服务于经济政治建设,采取发展重点中学政策,办学目标是提高升学率。随着高中教育普及政策的落实,尤其是进入21世纪之后,普通高中的精英教育取向受到挑战,普通高中功能定位引起学者们的大讨论,普通高中育人模式多样化进入政策视野并不断得到重视。

1. 精英教育取向的政策选择

新中国成立之初,百废待兴,国家对于人才的需求尤其是高尖端人才的需求十分迫切。由于经济条件和教育资源有限,国家只能采取集中资源办好面向少数精英的教育政策。1953年5月,国家做出办重点中学的战略选择。同年,《教育部关于有重点地办好一些中学和师范学校的意见》出台,要求有重点地办好一些中学与师范学校。这是新中国成立以来普通高中教育精英取向政策的开端。

"文化大革命"的十年浩劫使教育事业受到严重破坏。"文化大革命"结束后,邓小平同志就提出了"办教育要两条腿走路,既注意普及,又注意提高。要办重点小学、重点中学、重点大学"。1978年1月,由国务院批准的《教育部关于办好一批重点中小学的试行方案》进一步提出切实办好一批重点中小学,以提高中小学的教育质量。1980年10月,《教育部关于分期分批办好重点中学的决定》要求各级人民政府在人力、物力、财力上对重点中学给予大力支持。进入20世纪90年代中后期,重点发展的政策有所调整,"重点高中"的提法被"示范高中"所取代。1994年《国务院关于〈中国教育改革和发展纲要〉的实施意见》提出,到2000年每个县要面向全县重点办好一两所中学,全国重点建设1000所左右实验性、示范性的高中。

这一阶段,受到重点中学、示范性高中政策的影响,几乎所有非重点、非示范性学校都向"重点""示范"看齐,各地(尤其是在县域层面)争相集中力量和资源打造具有标志性的"县一中",办学方式、策略等严重趋同,出现了普通高中学校"千校一面"的现象,高中课程的选择性非常有限,高中办学的多样性和特色化不鲜明。

2. 普及教育取向的政策选择

1993年,中共中央、国务院印发《中国教育改革和发展纲要》,提出了"大城市市区和沿海经济发达地区积极普及高中阶段教育"的发展目标。2001年,《国务院关于基础教育改革与发展的决定》提出的开展素质教育、实现人的全面发展的要求成为此时我国高中阶段教育政策的主题,政府通过多种形式积极推动高中阶段教育全面改革。《国家中长期教育改革和发展规划纲要(2010—2020年)》提出:"推动普通高中多样化发展。促进办学体制多样化,扩大优质资源。推进培养模式多样化,满足不同潜质学生的发展需要。探索发现和培养创新人才的途径。鼓励普通高中办出特色。"《国务院办公厅关于开展国家教育体制改革试点的通知》确立了普通高中多样化试点改革项目,将黑龙江等省确立为试点改革试验区,各试点改革试验区实施了普通高中多样化改革项目,探索了多样化发展模式。

党的十八大报告首次提出基本普及高中阶段教育,十八届五中全会进一步做出普及高中阶段教育的战略决策,2017年3月,《高中阶段教育普及攻坚计划(2017—2020年)》发布。2017年10月,"普及高中阶段教育"被写入十九大报告。这意味着普及高中阶段教育成为这一时期的国家重大战略。

3.后普及阶段多样化取向的政策选择

改革开放以来我国高中教育整体上侧重于外延式发展,体现为规模的扩大和数量的增长。随着高中教育的全面普及,高中教育"内涵发展"、有质量普及、有特色发展成了后普及时代高中教育改革的重点。

对于高中教育内涵发展,《国家中长期教育改革和发展规划纲要(2010—2020年)》就有所涉及,其中提到"树立以提高质量为核心的教育发展观,注重教育内涵发展,鼓励学校办出特色、办出水平,出名师,育英才",最终目标是突破高中教育"千校一面"、应试教育占主导的局面。但高中育人模式改革依然没有重大突破,高中的课程选择性空间不足,高中学校办学特色仍不够鲜明。

《高中阶段教育普及攻坚计划(2017—2020年)》强调改革人才培养模式,满足学生的多样化需求,增强学生的社会责任感、创新能力和综合实践能力,并明确提出:"推动学校多样化有特色发展。深化普通高中课程改革,加强选修课程建设,充分利用校外教育资源拓展校内课程的广度和深度,增强课程的选择性和适宜性。"

2019年6月,《国务院办公厅关于新时代推进普通高中育人方式改革的指导意见》确立了明确的育人方式改革目标,即"到2022年,德智体美劳全面培养体系进一步完善,立德树人落实机制进一步健全。普通高中新课程新教材全面实施,适应学生全面而有个性发展的教育教学改革深入推进,选课走班教学管理机制基本完善,科学的教育评价和考试招生制度基本建立,师资和办学条件得到有效保障,普通高中多样化有特色发展的格局基本形成"。普通高中教育相关政策文件开始逐渐关注学生的个性化发展、学校的特色发展,深度探索普通高中多样化发展。

高中教育实现全面普及后,将从以往的精英教育、大学预备教育逐步转向基础性、大众化、通识性和公民性教育。高中教育"升学""筛选甄别"的功利思想将逐步淡化,教育的本体价值将不断彰显,为应试而教的现象将逐步改观,高中教育对人本身的重视、对人素质的重视和培养将成为可能。

二、从"并举"到"融通":普职关系调整使育人模式丰富成为可能

高中阶段的教育承担着促进人才发展、服务国家建设的功能,实行普通高中教育与职业教育并举是高中阶段教育的应有之义。从世界各国的经验来看,普通高中教育与职业教育并举是一种趋势。普职并举背景下普通高中育人模式如何选择是一个需要深刻思考的问题。

1.新中国成立初期确立中等教育"普职并举"方针

新中国成立初期,百废待兴,我国几乎没有正规的职业教育。当时职业教育的主要表现形式是传统手工业的传承。随着工业的发展,某些手工业逐渐衰落,1949年12月召开的新中国第一次全国教育工作会议确立了"以老解放区新教育经验为基础,吸收旧教育有用经验,借助苏联经验,建设新民主主义教育"的教育改革基本方针,从而创办了新中国成立后最早的职业教育——中等专业教育。

1958年,党的八届二中全会通过了社会主义建设总路线,随后出现了"大

跃进"运动,其中包括中等职业教育的"大跃进"。同年9月19日,中共中央、国务院发出《关于教育工作的指示》,指出教育的目的是培养有社会主义觉悟的有文化的劳动者,这是全国统一的,违反这个统一性,就是破坏社会主义教育的根本原则。但是,在这个统一目标下,办学的形式应该是多样性的,即国家办学与厂矿、企业、农业合作社办学并举,普通教育与职业(技术)教育并举,全日制学校与半工半读、业余学校并举。该文件也对中职教育管理体制进行了规定:为了在教育工作中既能发挥中央人民政府各部门的积极性,又能发挥地方的积极性,全部的小学、中学和大部分的高等学校、中等专业学校、技工学校,下放给省、市、自治区管理;仍属中央各部的中等专业学校和技工学校,也应当由各部下放给各部所直接领导的厂矿、企业、农场管理。在这一政策的引导下,全国掀起了兴办农业中学的高潮,不少行业和企业办起了中等专业学校。中等教育规模迅速扩大,但同时也产生了质量问题。

1961年7月,教育部召开全国高等学校和中等学校调整工作会议,讨论了缩短战线、压缩规模、合理布局、提高质量等问题,决定通过定(定发展规模)、缩(缩小发展规模)、并(与他校合并)、停(停办)等四种主要方式,对高等学校、中等专业学校、半工半读农业中学进行大规模压缩调整,不少中等专业学校和农村职业中学被撤销或合并,对保留学校的招生规模也进行了大幅度压缩。

新中国成立后的十几年里,我国中等教育形成了多种类型学校并存的格局,其中有普通中学、职业中学,还有一些工矿单位、企事业单位办的技术学校、技工学校。

2. 改革开放后提出普职"大体相当"政策

"文化大革命"结束后,教育领域率先拨乱反正。然而,摆在改革者面前的是普通教育"一边倒"的中等教育格局,这也是改革开放初期确立中等教育结构改革方针、提出普职"大体相当"政策的现实基础。

"文化大革命"对新中国成立以来十几年的教育采取全面否定的态度。

1967年7月18日，人民日报发表了《打倒修正主义教育路线的总后台》一文，受其影响，农业中学、职业中学被批判为"修正主义教育路线的产物"，半工半读中学被定性为"资本主义的双轨制"，全国的半工半读学校和各类职业学校基本上被撤销，普通学校几乎是唯一的中等教育办学形式。以江苏省为例，1965—1978年，普通高级中学增加了8倍多，在校高中学生增加了10倍，高中毕业生增加了13倍；4500多所农业中学全部停办；中等技术学校减少了2/3以上；普通高中学生和中等技术学校学生的比例从1965年的大约2∶1变为1978年的50∶1。[①]

十一届三中全会以后，邓小平同志提出"教育优先发展战略"思想，明确要求应当考虑各级各类学校发展的比例，特别是扩大农业中学、各种中等专业学校、技工学校的比例。随后的几年，国家高度重视中等职业教育的发展。

1980年，《教育部、国家劳动总局关于中等教育结构改革的报告》中提出，要使高中阶段的教育适应社会主义现代化建设的需要，应当实行普通教育与职业、技术教育并举，可适当将一部分普通高中改办为职业（技术）学校、职业中学、农业中学，使各类职业（技术）学校的在校学生数在整个高级中等教育中的比重大大增加。

考虑到城乡教育结构和经济结构的差异，职业技术教育改革的相关政策也各有侧重。1983年5月6日，《中共中央、国务院关于加强和改革农村学校教育若干问题的通知》指出："改革农村中等教育结构，发展职业技术教育，是振兴农村经济，加速农业现代化建设的一项战略措施。各地要根据本地区的实际需要与可能，统筹规划，有步骤地增加一批农业高中和其他职业学校。除在普通高中增设职业技术课，开办职业技术班，把一部分普通高中改办为农业中学或其他职业学校外，还要根据可能，新办一些各类职业学校。"力争到1990年，农村各类职业技术学校在校学生数达到或略超过普通高中。随后的5月9日，《教育部、劳动人事部、财政部、国家计委关于改革城市中等教育结构、发展职业技术教育的意见》指出，城市中等教育结构改革要实行普通教

[①] 周山.试论中等教育结构的调整问题[J].南京师大学报（社会科学版），1980(2).

育与职业技术教育并举,力争到1990年,使各类职业技术学校在校生与普通高中在校生的比例大体相当。这是我国政府文件中首次提出高中阶段普通教育与职业教育两类学校在校生的比例"大体相当"。此后一段时间,普职"大体相当"成为我国高中阶段教育改革的基本政策。

3.21世纪后"普职融通"模式进入政策视野

在推进高中阶段教育快速发展的过程中,国内一些"普职融通"的实践探索和国外综合高中的发展经验,给了新时期我国高中教育一个发展方向,并通过《国家中长期教育改革和发展规划纲要(2010—2020年)》等进入国家政策视野,为普通高中育人模式变革提供了一种选择。

我国早在1987年时进行了农村教育综合改革试验,河北省阳原县、完县(1993年更名为顺平县)、青龙满族自治县把普通教育、职业教育、成人教育结合起来,统一规划,在小学开设劳动课,初中以上开设劳动技术课,结合劳动技术课进行职业技术教育,初步探索出一条基础教育与职业基础教育相结合,以推动当地经济和社会发展的路子。1989年试验区扩大到全国的116个县,在全国范围内得到迅速推广。[1]这一改革试验虽然并未直接提到综合中学,但强调在普通教育中进行职业教育,在职业教育中进行普通教育的"普职渗透"教育模式,使普通教育与职业教育从基本分离走向初步融合,为综合中学的发展提供了参考和借鉴。在实践中,也涌现出了一大批教育综合改革的先进典型,例如,山东平度县(现为平度市)的"三教统筹"、山西临猗县的"五个统筹"、甘肃清水县的"八方统筹"等模式。[2]

综合高中模式探索兴起于普通高中办学模式改革。江苏省苏南地区是我国最早明确提出创办综合高中的地区。1988年锡山市开始试办综合高中,并在20世纪90年代末形成"两类三元"的格局,即普通高中、中等职业学校、综合高中"三元"1∶1∶1。[3]进入20世纪90年代后,北京、上海、湖北等地也开

---

[1] 常宝宁,袁桂林.我国综合高中发展的历史考察与现实审视[J].当代教育科学,2013(4).
[2] 常宝宁,袁桂林.我国综合高中发展的历史考察与现实审视[J].当代教育科学,2013(4).
[3] 徐英杰.综合高中办学模式探索[M].济南:山东教育出版社,2001.

展综合高中的实践探索,并在2001年《国务院关于基础教育改革与发展的决定》中得到政策确认,即"鼓励发展普通教育与职业教育沟通的高级中学"。然而,在实施过程中出现了办学目标功利化的问题,开办综合高中名为适应经济社会发展需要,实为满足学生的升学需要。

综合高中作为一种办学模式是值得肯定的。中共中央办公厅、国务院办公厅印发的《关于深化教育体制机制改革的意见》指出,推进普通高中育人方式改革,包括高中教育教学改革、高考改革。《国家中长期教育改革和发展规划纲要(2010—2020年)》指出,高中教育在数量扩张的同时,要适应学生的潜质和社会发展的需求,应"多样化发展",并"探索综合高中发展模式",为高中教育的发展指明了方向。《国家教育事业发展"十三五"规划》强调,探索综合高中、特色高中等多种模式,为学生提供更多选择机会。加快发展综合高中对处理好高中阶段普通教育和职业教育关系,打破普通高中规模过大局面,突破"千校一面"现象,缓解恶性竞争,改善高中阶段教育服务供给,为高中生提供更多选择机会,提高高中生综合素质等具有重大的理论和实践意义。高中阶段普职融通相关政策的不断丰富,为普通高中育人模式的丰富提供了可能与条件。

三、从"单一"到"多元":考试招生制度改革要求育人模式变革

高中教育作为基础教育的最高阶段,是学生走向成人的最后阶段。"把控"高中教育学生入口和出口的中考和高考,决定着学生的分流,由此也直接影响高中育人模式。人们常说的"高考指挥棒"正是考试招生方式对高中教育发挥导向作用的体现。

1. 中考制度改革的影响

中考改革中的普职分流、普通高中招生录取方式对高中学校的教育教学有着重要的影响。为了促进普职协调发展,为学生提供多样选择机会,适应经济社会发展对各级各类人才的需要,"普职合理分流"是中考改革的重要导

向。而普职的分流,必然对高中教育结构、高中育人方式产生重要影响。

完善多元录取招生机制是近些年中考改革的重要内容。目前,为了推进教育公平,给学科特长学生、创新型人才提供机会,中考录取机制中设置了指标生和自主招生两种类型。指标生政策是国家保证教育起点公平、全面实施素质教育、推进教育均衡发展的重要措施。指标生,是指优质高中学校给予各初中学校的招生指标,即在各初中学校内完成一定数量学生的招生任务,其目的是促进教育平等化,使各初级中学的学生都有机会上高中。指标生一般采取定向招生的方式录取。2008年,《教育部关于深入推进和进一步完善中考改革的意见》提出"将优质高中名额中的大部分均衡分配到普通初中,同时积极推行多种形式的招生录取办法"。各地在具体落实过程中,"指标到校"的具体比例虽然不同,但基本的思路是相通的。

中考自主招生考试是指高中学校具备自主招生的权利,自主命题,单独组织考试。自主招生的学生进入高中后一般会进入特色实验班。如,北京四中的道元班、北师大附中的钱学森实验班等。2016年,《教育部关于进一步推进高中阶段学校考试招生制度改革的指导意见》中提出,进一步完善自主招生政策,给予有条件的高中阶段学校一定数量的自主招生名额,招收具有学科特长、创新潜质的学生,满足不同潜质学生的发展需要。2021年北京市中考改革政策中提到,经北京市教委批准,部分具备条件的高中阶段学校可开展自主招生改革试点。试点学校可根据办学定位、传统特色、学科优势等情况,开展人文、科学、艺术、体育、中外合作课程班等特色招生、校内或集团内直升、1+3培养试验、职业教育人才培养试验等改革探索。从中考自主招生政策可以看出,自主招生中的人文、科学、艺术等特色课程班的招生,在推动着高中育人模式的特色化发展。

2. 新高考改革的启动与实施

教育部启动基础教育课程改革,赋予了学生一定的课程学习自主权。新一轮基础教育课程改革的目标之一就是要体现中学课程结构的均衡性、综合性和选择性。高中课程分为必修模块与选修模块,其中校本选修课赋予学生对课程的选择权。学生根据自己的兴趣、爱好选择课程,在选择中懂得选择是学生发展的基本技能,也是促进学生个性发展的课程改革趋势。但是,受应试教育的影响,必修课被赋予极高的学科价值,选修课成为必修课的装饰。为了倒逼课改理念的推行,促进学生的个性化发展,从2014年开始,各地陆续出台新的高考改革方案,实行"3科统考高考科目+3科自选科目"的方式,试图赋予学生更多高考选择权。

2014年9月,《国务院关于深化考试招生制度改革的实施意见》确定上海、浙江两地进行新高考改革试点。上海的模式是外语有两次考试机会,除语数外,再从物理、化学、生物、政治、历史、地理6门中选考3门,5月进行选考科目的考试。语数外每门150分,选考科目分等级打分,每门最高70分,最低40分,总分660分。浙江的模式是外语和选考科目均可考两次,成绩两年有效,除语数外,再从物理、化学、生物、政治、历史、地理、技术7门中选3门,语数外每门150分,选考科目分等级打分,每门最高100分,总分750分。

2017年,上海、浙江第一批高考综合改革试点平稳落地,北京、天津、山东、海南第二批改革试点顺利启动。2018年,确定了河北、辽宁、江苏、福建、湖北、湖南、广东、重庆等8省市启动高考综合改革,从2018年秋季入学的高中一年级学生开始采取"3+1+2"的高考模式。新高考改革对高中育人模式变革而言是一个不可忽视的推动力量。

3.新高考改革的影响

实践证明,新高考改革在一定意义上呈现出"突出全面育人、关注综合素养、增加学生选择、促进办学自主"的特征。在新高考政策的引导下,学校在课程体系建构、教学模式改革、教学形式组织、高中与大学衔接等方面进行了有益尝试,实现了育人模式的调整与完善,一些学校也已经探索出初具特色的育人模式。

在新高考的"3+3"考试模式中,学生有了更多的课程选择权。学校要根据自身的办学特色、教师资源、学生的选择需求,进行特色化的课程体系构建,满足学生选科选考的需求以及个性化发展的需求。

新高考改革的全面推行对高中教学模式和教学组织形式提出了更高的要求,一些学校根据学生的基础与发展取向设计分层分类的课程体系,根据学生的学习能力、兴趣爱好组建教学班,为学生制订个性化课程表,让学生以流动的形式分别进入适合自身的班级学习。学校根据不同层次与类型的班级的具体情况设计相应的教学内容,满足学生的个性化需求。

新高考也对学生发展指导提出了更高的要求,学校需要指导学生慎重地、理性地选择课程,理性地规划自己的职业发展。

总之,新高考倒逼学校进行育人观念、课程体系、教学模式、学生管理等方面的改革,在新高考改革中,一些学校也在积极进行相应的探索创新。

四、从"知识"走向"素养":普通高中课程改革强化育人模式落地的载体

课程是育人模式落地的重要载体,课程改革必然影响育人模式的调整。我国普通高中课程改革正在广泛、深刻、系统地推进,总体来看,我国普通高中课程改革从强调知识本位逐步转向强调学生核心素养的培养。

1.2003年的普通高中课程改革实验

2001年,国务院召开改革开放以来第一次全国基础教育工作会议,并在会前做出了《国务院关于基础教育改革与发展的决定》,对"深化教育教学改革,扎实推进素质教育"进行了全面部署。同年,教育部出台《基础教育课程改革纲要(试行)》,义务教育阶段新课程于2001年9月在全国38个国家级实验区进行试点。教育部于2000年启动普通高中新课程研制工作,于2003年印发了《普通高中课程方案(实验)》和高中各学科课程标准(实验),于2004年在山东、广东、海南、宁夏四个省份开展试点工作,同时以滚动发展的方式不断扩大试点范围,直至2012年我国全部省份都使用了新的课程方案和课程标准。

2003年的普通高中课程改革针对过去的教学注重知识传授、课程结构突出学科本位、课程内容繁难偏旧等一系列现实问题,结合国家发展的战略需要,对课程目标、课程结构、课程内容、课程评价等进行了系统的顶层设计,尤其突出了普通高中课程的多样化和可选择性,赋予高中学校一定的课程设置自主权,为普通高中学校构建课程体系、办出特色创造了有利条件。

2.2017年启动的普通高中课程改革

2014年底,按照坚持正确的政治方向、反映时代要求、科学论证、继承发展的原则,教育部修订了于2003年颁布的经过十年滚动试验的普通高中课程方案和课程标准,并于2017年底正式颁发《普通高中课程方案和语文等学科课程标准(2017年版)》。[①]针对长期以来存在的片面追求升学率的倾向,新修订的课程方案强调,普通高中教育不只是为学生上大学做准备,还要为学生适应社会生活和职业发展做准备,为学生的终身发展奠定基础。新课程方案进一步优化了课程结构。考虑到高中学生多样化的学习需求及升学考试要求,在保证共同基础的前提下,适当增加了课程的可选择性,为不同发展方向的学生提供有选择的课程。这次普通高中课程结构的调整主要体现在以下四个方面:[②]

第一,保留原有学习科目,在英语、日语、俄语的基础上,增加德语、法语和西班牙语。

第二,进一步明确三类课程的性质与功能,对三类课程的名称进行了微调。2003版的三类课程名称分别是必修课程、选修Ⅰ课程、选修Ⅱ课程,选修Ⅰ课程、选修Ⅱ课程,两类选修课程的性质与功能在名称上没有得到很好的体现,2017年改为必修课程、选择性必修课程、选修课程。调整后的三类课程名称使人一目了然。

第三,调整了必修课程、选修课程的比例。为了深入推进新高考,促进学生在高中阶段的课程学习与高考对接,增加了课程的可选择性,鼓励学生个

---

① 刘月霞.普通高中课程改革40年(下)[J].人民教育,2018(24).
② 崔允漷.普通高中课程结构为何调整,如何调整?[J].人民教育,2018(Z1).

性化发展,形成专业倾向。在最低毕业学分保持不变的前提下,适当减少必修学分,增加选择性必修学分,必修课程与选修课程的比例由原来的约4∶1调整为约1.5∶1。新的课程方案和学科课程标准实施后,最低毕业学分还是144学分,但必修学分由原来的116学分调整到88学分,选修课程学分由原来的28学分增加到56学分。其中,选择性必修学分由原来的22学分(原来的选修Ⅰ)增加为42学分,选修学分由原来的6学分增加为14学分。

第四,为规范和提高综合实践活动课程的可操作性,适当减少了其学分配置,即由原来的23学分减至14学分。其中,研究性学习6学分,学生需要完成2个课题研究或项目设计,鼓励开展跨学科研究;社会实践6学分,包括党团活动、班会活动、军训、社会考察、职业体验等;志愿服务2学分,在课外时间进行,三年不少于40小时。

为实施好新课程,使用好新教材,《国务院办公厅关于新时代推进普通高中育人方式改革的指导意见》提出了一个工作目标和两项具体措施。一个工作目标是:结合高考综合改革的推进,2022年前全面实施新课程、使用新教材。两项具体措施是:一是健全新课程实施机制。组织开展国家级示范性培训和校长教师全员培训,并通过实施中西部贫困地区新课程专项培训和遴选新课程培训基地校、新课程新教材实施示范区示范校等,切实加大对贫困地区和薄弱学校的支持力度。二是完善学校课程管理。加强课程实施监管和学分认定管理,落实好国家课程方案,确保开齐开足体育与健康、艺术、综合实践活动和理化生实验等课程。

3.2020年修订普通高中课程标准

2020年,教育部印发《普通高中课程方案和语文等学科课程标准(2017年版2020年修订)》。普通高中课程方案以及思想政治、语文、历史和生物学课程标准修订涉及前言及正文部分,其他学科课程标准修订仅涉及前言部分。

2017年版中,高中课程方案使用"德智体美",2020年修订版中,使用"德智体美劳"。2017年版课程方案中只是提到普通高中课程由"必修课程、选择性必修课程和选修课程"构成,2020年版增加了"必修、选择性必修为国家课程,选修为校本课程"。2020年版课程方案的一大变化是将劳动作为必修课程独立了出来,规定劳动课程6学分,大大强化了劳动教育的重要性。而2017年版的劳动教育内容是延续2003年《普通高中课程方案(实验)》的设计,将劳动教育放在综合实践活动课程中实施。2020年版课程方案将劳动教育从综合实践活动课程中独立出来,普通高中的综合实践活动课程从2017年版的14个学分变为8个学分。[①]

新课程改革必然带来学校育人模式的调整。新课程改革对以学生为本理念的强调、对课程结构的调整,会促使学校在教育理念、教育内容和教育途径等方面进行结构性和系统性变革。课程改革与高考改革的逐渐统一,有助于形成育人改革的合力,共同推进普通高中育人模式改革。

[①] 付宜红.2020年修订版普通高中课程方案及标准的主要变化及有关考虑[J].基础教育课程,2020(13).

第三章

普通高中育人模式的理论探讨

2018年习近平总书记在全国教育大会上指出"教育必须把培养社会主义建设者和接班人作为根本任务","要努力构建德智体美劳全面培养的教育体系,形成更高水平的人才培养体系",对新时代普通高中教育发展提出新要求。2019年,《指导意见》从国家层面全面部署新时代普通高中育人方式改革。普通高中学校落实国家育人方式改革的要求,关键就是要在学校层面将国家大政方针转化为育人举措和行为,通过构建和完善学校育人模式提升学校育人能力。广大高中学校要站在培养社会主义建设者和接班人的全面育人高度,反思和探寻育人模式变革的可行之道。

一、育人方式与育人模式

《指导意见》推动普通高中全面改革"育人方式"。同时,"育人模式"在教育实践中经常被使用,例如"三三三"育人模式、"一主两翼"育人模式、"四维"互动"阳光大课堂"育人模式,且被理所当然地理解为不需过多思考和阐释的概念。因此,在探讨育人模式变革时必须明确"育人方式"与"育人模式"的联系与区别。

"育人方式"作为一种概念在2019年通过《指导意见》进入国家政策层面,是2014年启动的高考综合改革影响普通高中教育的结果。育人方式改革的本质在于推动整个基础教育运行机制的变革。从《指导意见》的内容来看,推动普通高中育人方式改革的主体责任在"各省、自治区、直辖市人民政府和国务院各部委、各直属机构",育人方式改革需要重点从培养体系、课程实施、教学组织、学生发展指导、考试招生制度、师资和条件等六大方面进行。换言之,这六大方面正是普通高中育人方式的基本构成要素。

"育人模式"是在办学实践过程中形成的一套相对稳定的做法,其本质在于回归人的全面发展。从概念上看,模式更加注重对问题解决方法的理论性总结和提升,对具体问题的解决具有指导性,是联系理论与实践问题、中观层次的方法论的集合。[1]育人模式是在一定教育理论的指导下,为服务教育对象的成长与发展,对符合教育规律的教育方式方法、教育过程的组织方式做出的简要概括,以供教育实践选择。[2]一般而言,它呈现出教育理论具体化、教育目标明确、有相对的稳定性、有较强的可操作性等四个特征。育人模式的核心使命在于通过优化学校教育教学各方面的要素,在学校办学层面上回答好"培养怎样的人"和"如何培养人"的问题。育人模式对于学校而言是一种"顶层设计",是包括育人理念和目标体系、育人措施和评价反馈等多个环节的"闭环",[3]集中体现了教育教学经验和智慧,其重点在于解决各方面教育要素的架构问题。学校育人模式需要关注发展的整体性,涉及办学目的、主体、客体、内容、过程、方法、手段以及结果等各要素的有效整合。[4]

育人模式与育人方式之间既有联系也有区别。育人方式是国家对普通高中未来改革与发展方向的定位,侧重于更为宏观层面的政策、机制和资源供给,需要政府部门之间进行顺畅有效的协调沟通。育人方式改革的真正"落地"则需要通过学校层面的消化、吸收和转化,将国家宏观政策的要求等转化为学校层面可操作、可检测的具体做法,进而对高中学生全面而有个性的成长产生积极影响。这种学校层面的转化正是"育人模式"的建构和优化。

---

[1] 李建民,陈如平.新时代普通高中教育转型发展关键在育人模式变革[J].中国教育学刊,2019(9).
[2] 徐丽曼.高校思想政治教育实践育人模式研究[D].大连:辽宁师范大学,2009.
[3] 李建民,陈如平.新时代普通高中教育转型发展关键在育人模式变革[J].中国教育学刊,2019(9).
[4] 吴绍芬.育人模式需要整体建构[N].中国教师报,2015-6-24.

与此同时,育人模式与育人方式也存在一定的区别,主要体现在概念对象、主要内容、主要功能等方面。育人方式主要是针对政府部门而言的,而育人模式则是针对学校而言的;育人方式主要涉及培养体系、课程实施、教学组织等方面的内容,而育人模式则主要涉及办学目标、学校管理、课程教学等学校具体工作;育人方式是对我国普通高中运行机制的一种调整,而育人模式则主要是通过联系和沟通理论与实践,解决学校教育中的特定问题。因此,在推进普通高中育人方式改革的过程中更加强调各地政府的统筹和供给保障能力,而在推动普通高中育人模式变革的过程中则更加强调整体建构的问题。

二、育人模式变革中的主要问题

育人模式是教育教学成功经验的高度凝练,体现了学校育人的本质特征和基本结构,正因如此,育人模式的构建与优化是新时代普通高中教育实现高质量发展的重要途径和手段。然而,反观当前我国普通高中教育发展的现实,虽然高中多样化发展的格局总体上已经初步形成,但一些新问题和老问题仍然困扰着普通高中教育发展,例如区域间高中教育发展水平差距较大、全国普遍存在"县中塌陷"现象、应试化倾向仍然明显等。面对这样一种教育发展现实,育人模式建构和优化过程中存在的一些问题更加需要关注。

1. 学校教育"碎片化"倾向明显

学校是在教育方针的指导下,有计划、有组织、有目的地对受教育者进行系统的教育的组织机构。学校教育指向人,服务于人的全面发展。也正因如此,学校教育应关照所有学生的发展,关照学生发展的所有方面,为实现全体学生全面而有个性的发展提供系统性支持。这就要求学校教育工作中的各个系统和各个要素之间有机配合,形成支持学生发展的空间和平台。换言之,学校发展应注意整体性,准确把握学校教育的整体性是科学认识学校发展的要求。然而,对照当前学校教育发展现状可以看到,许多学校缺乏对自身发展的整体考虑,学校内部的各种因素被人为割裂,出现种种"碎片化"现象。例如,办学理念指向分散,且浮于表面,难以真正落地。德智体美劳全面发展的目标被窄化为以智育为核心,尤其是在基础教育的初中和高中阶段,为应对中考和高考两大考试,广大中学生几乎被淹没在以考试和练习为主要学习方式的教育生活中,同伴交往、体悟社会、兴趣发展等非学科类的学习内容往往在学校教育中处于弱势地位,甚至被无视。不仅如此,学生在学习过程中也往往是紧跟"考试指挥棒",考什么学什么,体系性的知识架构和概念生成存在明显不足。

2.校长对育人模式整体建构的认识不到位

校长是学校发展的掌舵人,校长对学校育人模式整体建构的认识水平,直接决定着学校的办学品质。在学校组织系统中,校长处于中心地位,向上对上级教育行政部门负责,向下要对整个学校的运营管理负责。在国家加快落实学校办学自主权的进程中,校长对学校发展的重要性日益凸现。校长能否清楚地把握办学方向,能否对学校办学经验和特色进行精准提炼,能否合理准确地界定学校发展过程中的关键问题等,都影响学校办学品质的提升。校长要有关联思维、整体融通思维、综合渗透思维和具体转化思维,[1]避免出现简单的二元对立思维。校长在统筹考虑学校育人模式整体构建的过程中,要深刻把握学校教育中各因素的有机结合,尤其不能把"教""育""学"简单割裂,而应在总体把握学校教育本质的基础上,对学校育人模式进行整体建构,抓住学校自身的办学特色,使之融入学校的教学实践中,推动学校的办学理念、思想等抽象概念转化为具体可见的标准、行动、模式等。

3.学生发展指导窄化、弱化甚至缺位

学生发展指导就是指导人员根据学生身心发展需要,运用一定的专业知识和经验,帮助学生了解自己、认识世界、解决问题,从而更好地进行学习和生活,实现最大限度发展的过程。[2]学生发展指导的根本目标在于促进学生认识自我,促进学生自主发展,帮助学生自主完成人生选择。我国学校教育

---

[1] 吴绍芬.育人模式需要整体建构[N].中国教师报,2015-6-24.
[2] 束晓霞.学生发展指导:普通高中教育变革的新路径[J].教育研究与实验,2014(3).

体系中早已存在学生发展指导的具体活动,但长期以来学生发展指导并不是一项独立的学校教育职能,直到2010年《国家中长期教育改革和发展规划纲要(2010—2020年)》提出建立学生发展指导制度后,学生发展指导才进入制度化层面,成为与教学、管理并重的现代学校三大职能之一。在国家政策的推动下,各地开始筹划建立学生发展指导制度,但是在学校层面尤其是普通高中教育教学育人实践层面,学生发展指导还没有普遍形成行之有效的校本模式。在部分学校,学生发展指导被窄化为"生涯教育""生涯规划""职业规划";在部分学校,学生发展指导被矮化为"升学指导";在部分学校,学生发展指导被弱化为可有可无的内容。不仅如此,学生发展指导专业教师的缺乏、社会支持不足、学校资源整合能力不足等多方面因素,也使得学生发展指导工作面临重重困难。

4. 教育资源配置失衡制约办学逻辑的调整

学校发展需要各方面教育资源的支撑。所谓教育资源就是教育过程中所占用、使用和消耗的人力、物力和财力资源,其具体形式有师资队伍、课程资源、经费投入、社会资源等等。在我国"以县为主"的基础教育管理体制下,区域经济发展水平直接影响着学校教育经费投入水平。在这样的管理体制下,我国教育资源配置的区域和城乡差距长期存在,中西部地区普通高中举债发展、巨型高中同质化发展等就是典型例证。与此同时,区域内校际教育资源配置也呈现出不均衡的状态,升学率被视为教育资源配置的主要依据,由此导致强校更强、弱校更弱,育人模式变革难以普遍推进。在学校内部,教育资源配置更多受"应试"逻辑影响,而"育人"逻辑则是第二位的。由此,学校往往根据考试升学需求组织和生成课程资源,而不是从育人目标出发的。如此种种制约了学校办学逻辑从"应试"转向"育人"。

三、育人模式变革的路径与策略

育人模式变革是一项系统工程,需要明确当前学校发展的核心问题,更需要借助科学的方法和系统的策略解决问题。

1.育人模式变革需注意全要素的有机协调

普通高中作为高中阶段教育的重要组成部分具有其独特性,这是由其教育对象和在教育体系中的定位所决定的。普通高中教育面对的是特定年龄段的青少年,他们正处于从青少年转向成年的关键阶段,生理发育达到成熟、智力发育接近成人水平、个性品质更加丰富。这个时期,他们的思维已经达到抽象思维发展阶段,思想十分活跃,志向、兴趣、爱好日益分化,自我反省意识、社会参与意识和责任担当意识日益增强,对自身的各个方面,特别是今后的发展目标及其价值追求的认识逐渐明朗化,是形成稳定而健康的个性特征的重要阶段。在这样的阶段,普通高中学校应尽可能为学生提供自主发展的空间,让学生有机会在多样化的活动中发现自己,有选择地发展自己的兴趣特长。因此,普通高中育人模式变革并不是点位上的变革,而需要育人模式各要素之间的相互协调,为高中学生全面而有个性的发展提供更加有力的支持。

资料:浙江海宁市高级中学在新高考下对育人模式的调整

考试改革要改革的远不只是考试方式,而是学校的办学理念、管理模式、课程体系、评价标准,统称为育人模式。

(一)从"选拔"到"选择":学生生涯指导与规划

(1)从"教师"到"导师":从教师到导师、首席导师、校外导师,进行导师组建设,向德育要质量。

(2)大学先修课程:打开大学之窗,每年填报大学志愿;请大学校长等介绍大学情况;学校购置大学基础教材,开设一定数量的大学课程。

(3)学生赞山大讲坛:每周二、四晚上邀请各行各业专家到学校讲述自己的行业故事。

(4)学生社团联合会:参与社团活动不是玩,而是进行未来职业的预演,今天的社团角色就是未来的人生角色。这些社团是兴趣集散地、菁英俱乐部、科学实验室。

(5)动感体验与科学指导:让学生在国庆节期间采访五个行业的工作者,学校请华东师大就业指导中心的老师对学生的职业倾向进行初步测试。

(二)从"课堂"到"课程":学校课程领导与规划

(1)打破原有必修课和选修课的边界,建立与高考改革相适应的课程结构:基础必修课、基础选修课、拓展选修课。基础选修课又分为学科选修课和高考选修课,原有选修课中的学科拓展课和大学选修课被列为高考选修课;拓展选修课保留职业课程和生活课程。

(2)三年课程分为两个大学期(高一)、四个小学期和四个长学期(以学业水平考试时间划分)实施。高一两个大学期开设学生拓展选修课,丰富学生职业体验,帮助其明确兴趣;从高二开始每学期开设两次选修课。

(3)学校根据学期和学分的实际情况,把课程模块化,分别填满小学期、长学期和大学期,学生既要保证修满学分,还要充分利用选课机会,确保学业水平考试得到尽可能多的A,并且在高考中取得好成绩。

以物理为例,根据课程性质,学科内容被分为基础必修部分、学考选修或选考选修部分;根据学期长度,分为小学期课程(原则上是学考选修),长学期课程和大学期课程。

(三)从"成绩"到"成长":学校教学管理与变革

(1)提升教师课程开发能力,加快国家课程二次开发进程,设置与大学期、长学期、小学期相一致的课程。学校逐步适应多学期制的教学管理模式,完善选课机制,尤其是优化与改造选课平台。

(2)全面适应学生走班管理,建立学生在校学习跟踪电子档案(一人一档),向学生、导师、家长和学校管理者开放。班主任管事,导师管人。

(3)逐步将对老师的考核标准,从"教学水平+学生成绩"向"课程类别+学生选择"转变。

(4)学校年级部强化教学执行能力,学校处室强化教学行政管理能力。管理重心下移,服务功能上移。

2.育人模式变革需始终坚持立德树人根本任务

不管采用什么样的办学方式,普通高中学校都应深入思考"学校究竟要培养什么样的人"的问题。普通高中学校应围绕这一根本性问题重新审视自己的办学理念和定位,以提高学生的综合素质为导向,将高中教育的重心从原来的"高考主义"转向"素质主义";努力创新办学思路,立足自身历史和利用现有资源,寻找新的成长点,进行特色办学,发展高质量的教育。

深化普通高中教育改革重点在于供给侧改革,它是高中教育改革的主要范式,显现出这样的趋势:明确价值导向,超越宏观层面上教育资源总量和结构上的改革,深入到普通高中教育内部,从高中学校育人要素的重组中要内涵,从高中育人模式转型中要质量,办出内在价值与工具价值相统一的高中教育,使社会人才需求的多层次性、多样性与人的发展的多层性、多样性相协调。这要求我们回到原点不断反思和追问为什么需要普通高中教育,普通高中教育的独特性在哪里,我们需要怎样的普通高中教育等。

3.育人模式变革需确立和完善办学理念

办学理念是学校改革的灵魂,它对学校各项工作均有渗透性的指导价值。[1]在推动学校育人模式变革的过程中,必须重视学校办学理念的梳理、提炼和表达。一般来说,办学理念是学校全体成员对学校的理性认识,是共同的理想追求及教育观念,它是建立在对教育规律和时代特征深刻认识基础之上的,包括"学校是什么""学校具有什么使命""发挥什么作用"等一些对学校基本问题的价值判断和识别。[2]学校办学理念不等同于教育思想或教育理念,也不能窄化为校长个人的教育思想,它是学校教育共同体智慧的结晶,是在学校发展过程中逐渐积累和形成的。学校办学理念的形成是一个价值澄清的协商共治过程。首先需要以校长为首的学校教育共同体确认学校的价

---

[1] 陈建华.论中小学办学理念的提炼与表达[J].上海师范大学学报(哲学社会科学版),2020(4).
[2] 陈如平.学校办学理念的"二元结构"现象剖析[J].教育发展研究,2005(10).

值与功能、学校教育的价值与功能、什么样的教育是好的教育等这些基本理论问题。普通高中学校服务的对象是未成年人,为党育人、为国育才是新时代普通高中的教育工作使命,立德树人是其根本任务。其次要结合学校育人实际情况,推动学校办学理念真正落地。学校办学理念不应停留在口号层面,而应通过学校各领域的目标设定、制度建设等,推动抽象的办学理念转化为具体的育人举措。例如,北京二中提出"空气养人"的办学理念,其宗旨为"创造最适合人发展的学校教育生活",具体提出"全面发展、个性发展、可持续发展"三个维度的目标,进一步构建了以"五大建设"(即物质文化建设、管理文化建设、课程文化建设、教师文化建设、学生文化建设)为核心的实践体系,层层推进"空气养人"办学理念的落地。①

4.育人模式变革需重视全体教师的有效参与

学校教育理念正在向以"创造""探究""协同"为核心的理念转变。学校只有由内而外地改革才能实现发展。教师作为学校的重要成员,是学校办学理念形成的重要因素,也是各项教育教学活动有效开展的重要执行者。校长应充分认识到教师在学校育人模式变革中的角色和作用,采取民主办学的治理方式,充分调动学校教职员工参与学校育人模式变革的积极性和主动性。为此,学校在推动育人模式变革的过程中,要注意参考借鉴"治理"理念,构建"留白"式学校内部治理模式,为教师和学生发挥自主性预留空间。这种"留白"本质上是学校管理者的一种有意识、有针对性、适度的放权,是对教师、学生乃至家长的信任,让学校教育中的各方主体在"留白"中体验到被"赋能"的愉悦,增强其追求自我价值实现的能动性。②教师可以通过多种方式参与学校育人模式变革。第一,通过学校民主化治理框架中的各种平台,为学校办学理念的形成贡献智慧。这需要学校领导班子转变管理方式,为教师提供参与的渠道。第二,优化教师专业发展通道,将育人模式变革对教师的新要求融入教师培养培训的过程中,推动教师的教育教学行为发生实质性改变,以

---

① 钮小桦."空气养人":我的办学理念[J].中小学管理,2009(3).
② 李建民,陈如平.新时代普通高中教育转型发展关键在育人模式变革[J].中国教育学刊,2019(9).

更好促进学生的全面发展。第三,优化教师奖励评价机制,激发全体教师的育人初心,促进教师深刻反思和改进自身的教育理念和育人行为。

5.育人模式变革需重视信息技术的科学运用

教育必须立足当下,面向未来。未来的学校会在五个方面出现新变化:第一,学校将演变为学习中心,学生不必每天按时去学校,不必按部就班地学习各门课程;第二,教学将变为学习,传统的教师教、学生学的教学活动将变为学习活动;第三,教师将成为学生的成长伙伴;第四,教室将成为学习室;第五,现在的标准化教育将变为定制化和个性化的教育。[①]可以看到,学校教育将面临多个方面的巨大挑战,高中学校势必要重视信息技术与教育的深度融合,在更新教育理念的同时将信息技术科学运用到学校管理、选课走班、课堂教学、教师研修、学习环境改善等多个方面。为推进教育与信息技术的深度融合,广大高中学校需要注意几个问题:第一,强化教师专业培训,提升教师信息技术应用能力,在现有的信息技术环境下,力图最大限度地发挥信息技术的育人功能。第二,依托国家和区域在线资源,着力进行校本课程资源建设,包括教师优秀课例实录、优秀教学设计展示、微课资源建设等。第三,在推进信息技术融入育人全过程时,需要把握好原则性问题,例如人工智能的适宜性原则等,尤其要避免出现教育被技术"绑架"的局面。

---

① 朱永新.走向学习中心:未来学校构想[M].北京:中国人民大学出版社,2020.

第四章

普通高中的育人目标

办学理念是学校育人模式的重要组成部分,对于学校而言发挥着"大脑中枢"的作用,其中育人目标是推动办学理念真正落地的关键环节。本部分以17所外国语学校育人目标为例分析办学理念对育人模式构建的意义和作用。基础教育阶段的外国语学校应新中国对外语人才的需求由专门政策推动而兴起,其育人目标自成一体且特色鲜明。与此同时,在当前高中阶段教育普及的背景下,外国语学校正面临转型发展的挑战。外国语学校若要优化其育人目标并真正实现高质量发展,需要在新时代背景下深刻理解"外国语素质"的本质要求,综合国家需求、地域特征和学校优势构建各自独特的育人目标,在外国语学校政策的"特殊"或"特色"两种定位中择其一而发展。

一、外国语学校育人目标的总体特征

1963年7月,教育部发出《关于开办外国语学校的通知》,要求各地有计划、有重点地开办一些从小学三年级开始学习外国语的外国语学校,并于当年秋季在上海、南京等市各新建一所外国语学校。自此以后,外国语学校成为我国基础教育阶段学校中的一个新类型,逐渐兴起。至2008年上半年,全国有近2000所具有外语特色的学校,正式挂牌外国语学校的有797所。[1]本

---

[1] 王定华.改革开放40年我国外语教育政策回眸[J].课程·教材·教法,2018(12).

研究选取了教育部认可的具有保送资格①的17所外国语学校作为探讨的基础，这基于以下两种考虑：一是保送资格反映出这些学校具有较高的教育质量，是同类学校中的佼佼者和示范者，其育人目标具有类型上的代表性；二是这些学校的建校时间基本上反映出外国语学校建校时间的阶段性和时代性，其育人目标具有时间上的代表性。通过查阅相关学校官方网站、权威网站发布的有关学校的报道和访谈部分教师，将17所学校的育人目标梳理和归纳如下：

表4-1　17所外国语学校育人目标汇总

建校时间	育人目标
20世纪60年代	培育外语见长、文理并举、复合型、高层次、高素质的国际型预备英才
	培育有民族精神、国际视野的人才
	培育有中国灵魂、世界胸怀的现代人
	培育具有和谐身心的健康人、高尚品质的文明人、厚博知识的现代人、国际视野的中国人
	培育外语特长、文理兼优、全面发展的国际化预备英才
	努力培养走向世界的人才，注重学生人格塑造和创新能力培养，提高学生在未来的国际竞争力，为学生可持续发展和终身学习打下坚实基础
	培育德才兼备、文理并重、精通外语的复合型、外向型、国际型预备人才
20世纪80至90年代	培育有中国灵魂、世界胸怀的高素质国际性复合型人才
	培育中西文化融合、智慧人格并重，本土情怀与国际视野兼备的高素质预备人才
	培育具有民族情怀、世界胸襟的高素质现代中国人
	培养和造就既全面发展又有外语特长的高素质人才
	努力培养具有中华根基、国际视野、跨文化交流能力的复合型后备人才
	锻炼强健体魄，塑造健全人格，提高综合素质，突出外语特色，走向世界的现代人
	培育适应未来国际竞争需要，具有扎实外语基础的高素质外语人才
	培育有中华优秀传统文化底蕴、国际视野、国际竞争力的人才

注：因育人目标重合，因此上表中共列出15个项目。

---

① 《教育部办公厅关于做好2008年普通高校招收保送生工作的通知》提供了具有推荐保送生资格的17所外国语中学名单并沿用至今。

1. 以"高素质人才"为指向的总体规格

《关于开办外国语学校的通知》明确指出外国语学校的创办是为"高级外国语人才"培养做准备。1979年9月《教育部关于办好外国语学校的几点意见》再次指出,外国语学校的主要任务是为高等院校培养外语水平较高、一般文化知识较好的学生。为实现这一培养目标,除继续执行1963年政策中的小班教学、高标准教育教学设备配备的规定之外,还明确了外国语学校应该挑选思想好、学习成绩优良、身体健康、口齿清楚、模仿能力强、反应快的学生入学,入学后发现不合格者及时转校,从而赋予外国语学校特殊的招生政策。外国语学校的教师是来自各地业务水平高、教学经验丰富的老教师和高等学校外语专业的优秀毕业生。在办学经费上,外国语学校的标准也高于当地的重点中小学。此外,外国语学校是中等学校中唯一有保送资格的学校类型,每年有不超过毕业生总数20%的学生可以被保送到特定的外国语大学和综合大学的外语专业。高起点、高配置、高标准决定了外国语学校所育之人不能是普通的劳动者。对于这一点,外国语学校高度认同,几十年来始终坚守"高素质人才"的培养目标,在本研究选取的17所外国语学校中,有10所学校旗帜鲜明地使用"人才"概念,其他学校虽未使用"人才"概念,但殊名同意,无一不以"高素质人才"为学校育人目标的总体规格。

2. 以"外语特长"为核心的人才素质结构

不同学校皆可培养高素质人才,因此,只有高素质人才这一总体规格还不足以让我们了解外国语学校的育人目标,还需要对其所育之人的素质结构尤其是关键素质进行解析,这样我们才能对外国语学校的育人目标有更为全面的了解。

(1) 作为核心素质的"外语特长"

外国语学校的特别之处在于其培养出来的学生必须"外语特长"。从对17所学校的育人目标及办学理念的解读中能够看到"外语"的高频出现,如

"外语见长""外语基础扎实""外语特色""精通外语"等表述。这反映出外国语学校对其"外国语学校"的身份认同,也符合政策要求和民众期待。"外语特长"是外国语学校育人目标的核心所在,具有必要性和价值上的不可或缺性[1],是外国语学校生存的根本,其他素质皆由其衍生。

(2)作为拓展素质的"国际视野"

"国际视野"是"外语特长"的拓展,更是超越。因为"国际视野"已经上升到认知模式的转型,即能够用他者的眼光反观自身,跳出定于一尊的认知模式。"国际视野"及殊名同意的"国际型""世界胸怀"等概念几乎全覆盖17所学校的育人目标。虽在两所学校的育人目标中未能看到"国际"二字,但在其办学理念中亦有直接表达。这反映出外国语学校较高的自我期许。此外,"国际视野"亦反映出外国语学校对其所育之人未来工作生活场域的定位。

(3)作为制衡素质的"民族性"

所谓"文以载道",就是文字中既有文化和价值观,也有生活方式和国家理念。学生长期浸润于外国语言环境之中,难免受到异国文化影响,因此,必须让异国文化与价值观和本土的、民族的文化与价值观之间保持平衡,预防崇洋媚外思想出现。所幸,外国语学校的育人目标中均有"民族精神""本土情怀""中华根基"等陈述,以对"外语特长"进行必要的制衡,确保所育之人的正确价值取向。早在1963年,《关于开办外国语学校的通知》就特别提醒,外国语学校要特别加强思想政治教育和道德品质教育,培养学生的无产阶级革命意志和共产主义道德品质。可见,对民族性的强调是一以贯之的。

(4)作为补充素质的"文理兼优"

在17所学校育人目标中多次出现"文理兼优"的表述,学校办学理念的相关陈述中也有对数理、科技类课程的重视。外国语学校创立之初,主要目的在于为专门的外语人才培养打下基础,因而降低了对理科课程的要求,一定程度上制约了学生的全面发展。但随着时代的发展,一方面,科学技术的生产力特征凸显,对科技人才的需求增加;另一方面,外国语学校基础教育的属

---

[1] 石中英.关于中国学生发展核心素养的哲学思考[J].课程·教材·教法,2018(9).

性决定了其必须促进学生的全面发展,所以,"文理兼优""文理并重"等补充了"外语特长",体现了外国语学校育人目标的发展性。

总体来说,外国语学校的育人目标可以用"高素质外国语人才"来概括。当前学校育人目标中的"外语特长""国际视野""民族性"和"文理兼优"素质结构是适当的,既符合外国语学校的政策定位,也符合基础教育阶段的育人定位。

二、外国语学校育人目标的问题解析

从表述上看,当前外国语学校的育人目标在定位和方向上是恰当的,但育人目标不仅仅是一种话语表述,它还决定着学校的行动方向。因而,考察育人目标,除了听其言,更要观其行。当我们用更广阔的视野观看外国语学校的育人目标及其行动时,发现如下问题。

1."外国语素质"理解的浅表化

"外语特长"及由其拓展而来的"国际视野"居于外国语学校人才素质结构的核心地位,二者构成了外国语学校学生独特的外国语素质,即他们在外国语学习和使用上所拥有的学识、所持有的态度,以及外显的语言技能、思维品格和文化特质。外国语素质是一种深层次的、综合性的能力,对其理解的深度与广度,将会影响人才培养的质量。从外国语学校的育人目标的表述与实践来看,可以发现:

(1)对"外语特长"理解的局限与狭隘

"外语特长"可以分解为"哪些外语"和"何种特长"这两个问题。关于第一个问题,我们在17所外国语学校的课程设置中更多地看到了"独尊英语"现象,而法语、德语、日语等语言所占比例较少,对事关国家安全的"跨境语言"[①]如越南语等和作为"关键语言的非通用语言"[②]如阿拉伯语等则体现得更少。同一般学校所开设的第二外语课程比较起来,这些学校的外语类型是比较局

---

① 赵蓉晖.国家安全视域的中国外语规划[J].云南师范大学学报(哲学社会科学版),2010(2).
② 束定芳.关于我国外语教育规划与布局的思考[J].外语教学与研究,2013(3).

限的,同其所享受的特殊语言教育政策并不匹配。关于第二个问题,从外语学习的现实目的来看,外语学习主要是为了考试、考证、考级以及升学,在当前注重标准化和可测量性的外语考试制度下,我们很难将外语应试能力等同于真正的外语能力。从外语学习的过程来看,外语学习存在"重语言、轻文化"的问题。而外语学习的过程,实质上是跨文化学习和国际文化体验,它的价值在于促进跨文化沟通,实现不同文明的视域融合,促使不同语言文化互学互鉴,超越文化藩篱。[①]但若仅仅停留在语言技能上,未深入理解背后的文化内涵,则是难以实现文化上的视域融合的。

(2)对"国际视野"理解的局限与简单

"国际视野"可以分解为"国际"和"视野"两个部分。关于"国际",我们在17所外国语学校官网上看到的多是"学生进入全美国前50名大学""学校为美洲、欧洲、亚洲、大洋洲的十余个国家的高校输送生源""学校与美国、澳大利亚、新加坡等国的学校建立了友好关系"等表述,这里的"国际"所谈及的国家多是西方发达国家,然而世界上的国家又何止这些发达国家呢?关于"视野",外国语学校多有自觉的开放办学意识,学校组织结构中有"国际班(部)",课程中有"A-Level课程,AP课程","学生出国研学班""国外名校绿色通道项目""教师海外考察"等等,在这些学习过程中,学生的"国际经历"很丰富,但国际经历与国际视野之间并不能简单画等号,其间有复杂的转化机制。

2.育人目标的同质化

17所外国语学校分别位于不同城市,分布在我国的东北、华北、华中、华东、华南、西南等具有不同文化特征的地区,它们有完全中学、十二年一贯制学校等不同的办学形式,它们有公办、民办、混合办学等不同的办学类型,它们分别建立于20世纪60年代、80年代、90年代,它们有的是天生的外国语学校,有的是转制而来的外国语学校。可以说,各个学校各不相同,但奇怪的是,它们的育人目标却表现出高度的同质化。在前文提供的育人目标中,各

---

① 沈骑.全球化3.0时代的外语学习:从"独尊英语"走向多语互补[J].云南教育(视界综合版),2017(9).

校育人目标的区分度非常低,甚至到了可以相互替换的程度。虽然一定的同质性恰恰说明了此类学校的类特性,但过度的同质化却遮蔽了每一所学校的独特性。尤其是在学校特色化多样化发展的背景之下,各地的外国语学校却办出了标准化的样子,这是个需要思考的问题。时至今日,举全国之力办外国语学校的时代已经过去,每一所外国语学校必须考虑其核心竞争力或办学特色。当前许多外国语学校只同所在区域的普通学校比较,显而易见的特色与特权容易使其麻痹,不足以刺激外国语学校深入探索其本质的、独特的发展方向和方式。

3. 政策依赖的双刃性

20世纪60年代初期,国家外交急需高水平外语人才,《关于开办外国语学校的通知》明确提出提高语文、外国语和史地课程的教学要求,适当降低数理化课程的教学要求。改革开放之后,国家重点进行社会主义现代化建设,需要外语水平较高的翻译、研究人员、教师和工程技术人员,因而《教育部关于办好外国语学校的几点意见》指出,中学的数理化课程在保证完成教育部规定的统一的教学要求的前提下,应尽可能采用外文版本的教科书,用外语教学。与此相对应,外国语学校育人目标呈现出从外语特色到文理并重的变化趋势。建于1963年的南京外国语学校,建校初期是"以外语教学为主,兼顾其他学科教学的语言类文科特色学校",进入21世纪以后则坚持着"融贯中西,文理并蓄"的课程建设理念。建于1983年的郑州外国语学校,发展的第一个十年"外语特色鲜明,文科优势明显",第二个十年"文理兼长,外语突出",进入21世纪则"强化与突出学生的科学素养与理性思维能力",开始建设"理科实验班"。可见,外国语学校的育人目标和发展依附并受益于相关教育政策的引导和支持,具有先天的政策依附性。但这种强依附性在政策难以延续时,便会带来学校育人目标的转变和发展困境。事实上,21世纪以来,外国语学校的专有政策几乎销声匿迹。而随着国家的发展和时代的变化,外国语学校又面临着诸多新形势,如"特殊招生升学政策"与"教育均衡发展"的矛盾,

"睁眼看世界"与"文化自信"的统一协调等等,这些都是20世纪的教育政策所难以解决的。老政策遭遇新问题,外国语学校需要重新思考发展问题。

三、外国语学校育人目标的优化对策

外国语学校育人目标的确定及其落实是内外因素共同作用的结果。在内,学校自身缺乏对外国语和外国语学校独特之处的深度思考与挖掘;在外,相关政策的缺位和矛盾使外国语学校处境尴尬。因此,外国语学校若要优化其育人目标使其真正引领学校发展,既要深刻认识自己形成外国语教育的价值自觉以激发内生力,也需要恰当而有引领作用的政策定位和制度安排给予支持。

1. 深刻理解并抵达"外国语素质"本质

外国语教育具有维护国家安全和促进国家发展的战略意义,世界诸国都将外国语视为国家的战略资源。因而外国语教育要自觉地适应国家发展战略要求,这是外国语学校深刻理解"外国语素质"的时代背景。同时,外国语教育是人文性与工具性的统一,这种统一性必须在"外国语素质"中得到体现和强化,这是外国语学校深刻理解"外国语素质"的基本立场。

因此,外国语学校育人目标中的"外语特长"应有以下特点:(1)独特性。汉语中"特"的本义是"特别的",外国语学校因政策而生并享受着选拔招生和保送等特权,必须承担相应的责任,要根据国家发展战略和语言发展规划开设相应的语言课程,如"世界非通用语言"[1]课程、"关键外语"[2]课程,使学生初步了解这些语言,为以后的语言学习打下基础。(2)高阶应用性。在外国语教育普及的今天,外国语学校学生的外语特长应有量和质两方面的规定性。一是要掌握2种及以上的外国语,即多语言应用能力;二是能够使用外语进行学科学习,即有

---

[1] 学界通常用"非通用语言"指代英、俄、德、法、西、日、阿、汉之外的其他所有语种。
[2] 关键外语,是指对国家经济、政治、军事、外交和安全等战略规划有重要作用的外国语言,它与国际通用语言有交叉性,但语种范围更大。每个国家的关键外语各不相同。

"用外语进行言说与写作的能力",①使外语成为学习的工具,从"学外语"转为"用外语"。(3)文化性。语言是文化和思想的载体,语言学习也是文化学习。文化修养是语言运用水平的基石和反映。所以,外国语学校的学生应是熟悉异国文化的"外国通"。同时,他们与外国语言文化密切接触,比较之下更易于产生中华文化自知和自觉,其继承和弘扬中国文化、捍卫国家文化安全的使命也应更为凸显。

那么,"国际视野"又意味着什么呢?国际在中英文中皆指国家与国家之间,这意味着谈到国际至少有两个国家(或国际组织),且它们之间存在着互动关系。根据这个基本含义,外国语学校育人目标中的"国际视野"必须有以下特征:(1)泛指性。这针对的是近代以来人们常常在西方和国际或者西方和世界之间画上等号,谈及国际时往往特指西方欧美发达国家。实际上,任何一个国家、国际组织都是国际的构成部分,外国语学校的国际视野务必放眼世界,不能专指欧美。(2)主体性。这主要针对的是外国语学校在与发达国家或国际组织的交往中要有清醒的主体意识,避免被同化,而主体意识是建立在本土文化的自觉与自信之上的。"当一种语言比另一种语言获得较多资源和权利时,这种语言势必削弱其他种语言的功用。"②所以,外国语学校的汉语言文化课程应同外国语言文化课程等量,并被同等重视。(3)双向性。这是说构成国际的双方或多方应将对方视为国格平等的主体,彼此之间是主体—主体关系,而非主体—客体关系,即学习、传播等行为均是双向的,向对方学习而不妄自菲薄,向对方传播而不狂妄自大。这种双向性有助于"不同文化之间达成相互理解,进而谋求价值共识"。③(4)超越性。这是指国际交流不能仅停留在"各美其美、美人之美"的层面上,若要解决国际事务,推动全球发展,还需要有超越性思维,培养超越民族、国家的全球立场,形成一种超民族、超国家的视角,达到视界融合,实现"天下大同"。

---

① 郭英剑.论外语专业的核心素养与未来走向[J].中国外语,2019(1).
② 周庆生.国外语言政策与语言规划进程[M].北京:语文出版社,2001.
③ 王小章.中国研究的价值归依:普遍主义抑或特殊主义[J].中国研究,2007(Z1).

总体而言,外国语学校育人目标中的"外国语素质",即"外语特长"和"国际视野"这两个内在维度都须在新时代新形势下被再次解读以趋向其本质,基于此,浅表化问题才有望化解。

2.国家、地方、学校三维构建各校育人目标

外国语学校是一类学校,其育人目标要有类特性,但类特性不能遮蔽每一个学校的独特性。早在1979年,《教育部关于办好外国语学校的几点意见》就明确提出,东北和西北地区的学校,应有计划地多安排开设俄语和日语。可见,无论是学校特征还是国家外语教育规划,都要求外国语学校育人目标彰显学校特点。

外国语学校育人目标去同质化,要立足外国语教育,综合国家需求、地域特点和学校优势,具体而言有两条可选路径。一是差异化选择语种。各学校可根据所处的地理位置,开设多种语种课程。上海、北京、南京等中心城市应该加强"各重要语种＋尽可能多的非通用语种"的规划与布局,其他一些省份或城市应该加强"各重要语种＋特殊需要非通用语种"的规划与布局。例如,东北地区由于毗邻俄罗斯、日本和朝鲜半岛,应加强俄语、日语、朝鲜语语种的基础学习;西北地区,应该加强俄语、阿拉伯语、波斯语、中亚诸语言等语种的基础学习;西南地区应加强东盟和南亚诸语言,特别是印地语等语种的基础学习;华南地区应该加强东南亚诸语言和非洲诸语言等的基础学习。[①]二是匹配式学习语言。因为不同专业的语种需求不尽相同,例如国际组织的工作人员一般要精通英语和法语,航空航天业用英语、俄语多,精密机器制造业用德语多,艺术行业有法语、意大利语的需求,研究佛教的要懂梵语,研究伊斯兰教离不开阿拉伯语,搞西方哲学的必须学习古希腊语、拉丁语,缉毒警察要懂缅甸、越南、泰国、老挝等地的语言。[②]因此,外国语学校应利用已经普遍开展的文理综合教育的良好基础,从学生兴趣和未来发展的角度,开展与专业匹配的语言教育活动,为专业型、复合型外语人才培养奠基。

[①] 束定芳.关于我国外语教育规划与布局的思考[J].外语教学与研究,2013(3).
[②] 赵蓉晖.国家安全视域的中国外语规划[J].云南师范大学学报(哲学社会科学版),2010(2).

3.外国语学校政策的"特殊"或"特色"抉择

当前外国语学校育人目标中的问题化解,及其未来更好的发展方向,都需要明确的政策定位。综合而言,有两种定位可以考虑,在权责一致的原则之下,必须择其一而不能兼用。

首先是"特殊"取向的外国语学校政策定位。在"讲好中国故事,弘扬中国精神""一带一路""人类命运共同体"等背景之下,外国语依然是一种重要的战略资源,"外国语教育是国家语言战略的重要组成部分"。[①]因此外国语学校可以继续享受特殊对待,在性质和任务上延续1979年《教育部关于办好外国语学校的几点意见》的规定:"外国语学校是具有专业性教育的学校,主要任务是为高等院校培养外语水平较高、一般文化知识较好的学生。"但从国家层面而言,要根据新时代和新形势出台"外国语学校办学规定"专门政策,对其在招生、升学、资源利用等方面的特殊权利制度化,将其在国家语言战略中的特殊责任制度化,使其保持权责一致,避免其特权成为谋私利的竞争工具。就育人目标而言,可以参考2018年公布的《外国语言文学类教学质量国家标准》提出的"具有良好的综合素质,扎实的外语基本功和专业知识与能力,掌握相关专业知识,适应我国对外交流、国家与地方经济社会发展、各类涉外行业、外语教育与学术研究需要的各外语语种专业人才和复合型外语人才"。

其次是"特色"取向的外国语学校政策定位。在基础教育均衡发展的时代背景和趋势之下,外国语学校若继续享受特殊对待,有违教育公平原则,因此外国语学校的诸多特权应逐渐取消。比如广州市于2013年发布《广州市公办外国语学校特色办学指导意见(试行)》,提出小学阶段免试就近招收地段生;初中阶段招生不能进行笔试,可对有外语特长学生的听说能力适当以面谈的方式面试,面向本区(县级市)招生。这就在事实上取消了外国语学校通过考试选择学生的特权。但外国语学校经营多年而形成的外语特色却不容忽略,可以将外国语学校纳入学校特色发展的政策序列之中,让其在课程建

---

① 蔡永良.关于我国语言战略问题的几点思考[J].外语界,2011(1).

设等方面依然有特殊权利,但这种特殊性是与其"外语特色"绑定在一起的,若学校的外语特色不保,则相应的特殊权利也不复存在。不过如何对待我国外国语学校普通高中阶段在招生和保送升学方面的特殊权利,还需通盘慎重考虑。

第五章

普通高中的新课程实施

为了全面了解新时代普通高中课程实施的现状,发现普通高中办学实践中存在的问题,为进一步优化普通高中办学实践提供对策建议,中国教科院课题组在全国范围内开展了广泛的调查研究,并召开专题研讨会,对相关问题进行了深入探讨。

一、新时代普通高中课程标准的修订情况

根据十八大、十九大对我国教育做出的整体部署,教育部经过统筹规划,对普通高中课程方案、课程标准等进行了系统的修订。在2017年,教育部颁布《普通高中课程方案和语文等学科课程标准(2017年版)》。

该次普通高中课程方案和标准的修订,不仅注重对课程内容进行更新调整,同时也对课程的结构进行了优化。课程结构优化注重课程的可选择性,注重课程对学生多样化的学习需求的满足以及对新高考改革的适应。在内容调整和结构优化的基础上,此次新课程方案和标准的修订更加注重学校课程育人功能的增强。新课程方案和标准对于育人功能的增强,主要表现在以下两个方面。

一是把立德树人根本任务的实现充分落实到课程的设计与教材的编制中。具体来说,就是以党的教育方针为指导,将教育方针对育人的要求进一

步具体化和细化,并且结合具体学科特点将其融入课程教材,把习近平总书记关于时代新人培养的要求体现在课程教材里。具体措施有如下几个方面:首先,研究提出了学生发展核心素养,在学生发展核心素养的基础之上,结合学科特点,每一个学科又提出了学科的核心素养。学科核心素养实际上讲的就是各个学科的基本育人价值,包括三个要点,即学生的关键能力、必备品格和正确的价值观。这是第一个增强课程教材育人功能的措施,突破以往的课程目标的表述,重新界定课程目标,使得课程的育人目标和要求更加具体化、更加细化,聚焦人的发展,与教师每一个教学活动的联系更为紧密。其次,强化课程教材的育人功能,提出了学业质量标准。明确每一门课程到底学什么、学到什么程度,对于学习过程和结果的考核评价,不仅仅关注知识的理解和掌握,还更多地关注学生素养的养成,关注学生问题解决能力的形成。学业质量标准的研制,不仅有助于规范教学,使得教学不超纲、不盲目赶进度,同时也为考试命题提供了一个基本依据。教材的编写、教学实施建议、考试命题建议等等,都以如何达成学业质量要求为中心。在这个基础之上,新的课程方案和标准进一步强化了对学生综合素质培养的要求,具体表现在配合高中课程修订方面。2017年教育部还专门印发了《中小学综合实践活动课程指导纲要》,指出综合实践活动是一门必修课程,是从小学一年级到高中三年级都要修的必修课。在高中课程里,综合实践活动是14个学分,约占毕业学分144学分的1/10。在所有科目里,综合实践活动课程占分最高。综合实践活动课程之所以重要,与育人模式变革是密切相关的,育人模式变革不仅仅是简单地改进课堂教学方式,更主要的是关注促进学生成长的机制和途径。所以,新课程方案和标准修订特别强调学生综合实践能力的培养,由此来推动整个育人模式的改革。

二是将继续按照国家要求深化高中课程改革。在新高考、新课标、新教材等多重背景下,紧扣学生发展核心素养和学科核心素养的育人目标,着力推进"课程—教材—教学—评价"一体化改革,加强"五育并举",切实落实"大中小幼德育课程一体化"、学科教育和学生生涯规划指导等各项工作。在此基础上，继续探索普通高中教学质量综合评价机制构建，从学生发展、教师发展、课程建设、学校治理能力四个方面对高中教育教学的质量进行综合评价，持续推进特色普通高中建设，以评促改，从而进一步驱动高中办学水平的提升和育人模式的变革。

1.课程方案修订情况

一是进一步明确了普通高中教育的定位。针对长期以来存在的片面追求升学率的倾向，强调普通高中教育是在九年义务教育基础上进一步提高国民素质、面向大众的基础教育，不只是为升大学做准备，还要为学生适应社会生活和职业发展做准备，为学生的终身发展奠定基础。

二是进一步优化了课程结构。考虑到高中学生多样化的学习需求及高考要求，在保证基本学习基础的前提下，适当增加了课程的选择性，为不同发展方向的学生提供可选择的课程。规定所有科目学生都要学，达到基本要求；有特定学科潜力和发展需求的学生在相关科目上可以多学些、学得深些，做到因材施教。

三是强化了课程有效实施的制度建设。从选课走班等新要求出发，进一步明确课程实施环节的责任主体和要求，增设了"条件保障""管理与监督"内容，强化各级教育行政部门和学校课程实施的责任。

2.课程标准修订情况

与2003年版相比，2017年版的普通高中课程标准，增加了信息技术、艺术、德语、法语和西班牙语5个课程标准，共形成了20个课程标准。

一是在文本结构上，主要新增了学科核心素养和学业质量标准两部分内容。首次凝练提出了各学科的核心素养，明确了学生学习该学科课程后应形成的正确价值观念、必备品格和关键能力，目的是将关于人的全面发展的要求具体化、细化到各学科之中，引导各学科教学在传授学科知识的过程中，更加关注学科思想、思维方式等，克服重教书轻育人的倾向。研制各学科的学业质量标准，明确学业质量是对学生多方面发展状况的综合衡量，改变过去单纯重视知识、技能掌握程度的状况,同时帮助教师更好地把握教学要求,因材施教。

二是在课标内容方面,努力凸显思想性、时代性和整体性。各学科课程标准进一步强化了社会主义核心价值观教育,中华优秀传统文化、革命文化和社会主义先进文化教育等内容;充分反映马克思主义中国化最新成果以及经济社会发展、科技进步新成就;更加关注学科内在联系及学科间的相互配合,克服碎片化及彼此间的脱节等现象。

三是从实施需求出发,强化指导性、可操作性。切实加强对教材编写、教学实施、考试评价的具体指导。大部分学科增加了教学和评价、命题建议等,便于准确理解和把握课标要义,确保课标能够落地,有效发挥统领作用。

3. 教材修订情况

根据党的十九大报告中"落实立德树人根本任务,发展素质教育"的要求,依据新修订的普通高中课程标准,统编了三科教材(政治、语文、历史),全面审核了非统编教材。2019年5月份,除了政治、语文、历史三科之外的高中其他学科修订后的教材也已经发布了目录,三科统编教材已经开始有序推广使用。

二、新时代普通高中课程实施的主要任务

1. 全面实施新课程、使用新教材

《指导意见》明确规定,2022年前各地全面实施新课程和使用新教材,要适时调整课程安排和教材使用。具体来讲,主要有四个方面的要求:

一是要求各省(自治区、直辖市)结合推进高考综合改革,制定普通高中新课程实施方案。各省(自治区、直辖市)要结合实际,认真总结前期课程改革经验,组织开展评估工作,深入研究多项改革交替叠加可能给普通高中学校带来的困难和挑战,在此基础上提出本地实施新课程、使用新教材的时间,制定相应的工作计划和方案。《教育部关于做好普通高中新课程新教材实施工作的指导

意见》明确要求,各省份于2019年6月底前将工作计划和方案报教育部。此外,还要求有关省份统筹考虑,积极稳妥地做好民族地区新课程、新教材实施和使用工作的安排。

二是组织开展国家级示范性培训、校长教师全员培训和中西部贫困地区专项培训。国家将陆续分类分层进行专项培训,推动校长教师挂职交流和跟岗学习工作,对口帮扶薄弱高中,逐级建设教师研训基地。这些举措汲取了上一轮普通高中课程改革的成功经验,无疑也是新一轮高中课程改革的有效策略。

三是遴选一批新课程培训基地学校,结合本地本校实际,突出优势和特长,在课程建设、教学改革、考试评价等关键领域进行积极探索,在开发选修课程、推进选课走班、加强学生发展指导、实施综合素质评价、健全学分认定管理办法和完善办学质量评价机制等重点环节实现突破,创新综合实践活动和劳动教育方式方法,形成一批可借鉴、可推广的有效经验和成果,在推进普通高中育人模式变革、促进学校多样化有特色发展方面发挥示范引领作用。示范校要积极开展新课程培训基地建设,通过校长、教师挂职交流或跟岗学习等方式,加大对薄弱高中和农村学校的对口帮扶力度。

四是遴选一批新课程新教材实施示范区示范校,发挥引领带动作用。为落实《指导意见》和《教育部关于做好普通高中新课程新教材实施工作的指导意见》要求,教育部组织开展了普通高中新课程新教材实施国家级示范区和示范校(以下简称示范区和示范校)遴选工作,经各地推荐和专家审核,确定了一批示范区和示范校。《普通高中新课程新教材实施国家级示范区和示范校名单》已于2020年7月正式公布。

2.不断完善学校课程管理

《指导意见》要求不断完善普通高中学校课程管理,主要做好以下五个方面的工作:

一是依照普通高中课程方案,合理安排三年各学科课程,开齐开足体育与健康、艺术、综合实践活动和理化生实验等课程,坚持五育并举,为学生的全面发展奠定坚实基础。

二是加强学校特色课程建设,积极开展校园体育、艺术、阅读、写作、演讲、科技创新等社团活动。加强学校特色课程建设,不断完善普通高中课程管理的重要抓手是整体构建学校课程体系,要求普通高中学校在忠实执行国家课程方案和课程标准的基础上,站在整体育人的高度,依据学校办学理念、文化传统和自身基础,着眼于提升学生核心素养,发展个性特长技能,满足选课选考需求,加强校本特色课程建设,构建自己的课程体系,积极开展多种多样的社团活动,以满足学生不同兴趣、不同发展水平、不同选课要求。

三是鼓励普通高中与中等职业学校课程互选、学分互认、资源互通,促进普职融通。

四是严格进行学分认定管理,对未按课程方案修满相应学分的学生,不得颁发高中毕业证书。

五是加强课程实施监管,落实校长主体责任,强化责任追究。学校应依据国家课程设置要求,结合办学目标、学生特点和实际条件,制订满足学生发展需要的课程实施计划。开齐开足国家规定的各类课程,特别是综合实践活动、劳动、技术(含信息技术和通用技术)、艺术(或音乐、美术)、体育与健康等课程。认真开好心理健康教育课,切实保障课时,并将心理健康教育贯穿于教育教学全过程,不断提高学生心理素质和心理健康水平。落实国家关于课程实施监测的工作安排,制订课程实施监测方案,加强课程实施监管,严禁挤课占课。落实课程实施的校长主体责任,强化责任追究,对不严格落实国家课程标准,不按规定开足开齐课程的行为依法追究相关责任人的责任。

3.有序推进"选课走班"

《教育部关于做好普通高中新课程新教材实施工作的指导意见》明确要求有序推进选课走班。省级教育行政部门要完善适应选课走班需要的教学组织管理制度和学分认定办法,坚持实事求是、因地制宜,指导学校有序推进选课走班,科学开展学分认定工作。学校要结合实际,加快建立和完善选课走班和学生发展指导制度,并制订具体的学分认定办法。要充分利用信息技术手段,加强对教师配置、班级编排、学生管理、设施配备等方面的统筹协调,逐步形成行政班和教学班并行、科学规范、高效有序的教学组织运行机制。

《指导意见》也明确提出有序推进选课走班。学校要推进普通高中新课程改革和高考综合改革,依据学科人才培养规律、高校招生专业选考科目要求和学生兴趣特长,有序实施选课走班,满足学生不同发展需要。学校要制订选课走班指南,开发课程安排信息管理系统,提高教学管理水平和资源使用效率。加强走班教学班级管理和集体主义教育,强化任课教师责任,充分发挥学生组织的自主管理作用。

作为新一轮普通高中课改重大创新举措的选课走班,从功能上看,是为了适应新高考改革的需要;从形式上看,它在保证每位学生达到统一基本的学习要求的前提下,可根据自己的发展兴趣和潜能,选择可进一步学习的课程内容;从实际效用看,它更能满足学生的个别化、个性化学习需求。实践证明,选课走班在变革高中育人方式方面大有可为。

4.持续深化课堂教学改革

课堂教学是学校教书育人的重要场域,也是学校工作的核心环节,更是普通高中落实立德树人根本任务的主要阵地。抓住课堂教学,做好教育教学工作是学校履行教书育人职责的体现,更是提高学校办学和育人水平的基石,任何时候都不可掉以轻心。一些地方高中聚焦课堂教学改革,推进人才培养模式改革,取得了一些进展和突破。新课程的实施和新教材的使用以及新高考改革的全面展开,要求普通高中学校的课堂教学也进行相应的改革,以保证课堂教学与课程改革、教材使用以及高考改革等工作相协调。关于深化课堂教学改革,《指导意见》从四个方面给予明确规定。

一是明确普通高中的课堂教学要以培养核心素养为目标。《指导意见》明确指出,要按照教学计划循序渐进地开展教学,提高课堂教学效率,培养学生学习能力,促进学生系统掌握各学科基础知识、基本技能、基本方法,培养适应终身发展和社会发展需要的正确价值观念、必备品格和关键能力。新课程改革经验表明,高中学校不仅要关注学生基本知识和基本技能,更要注重学生的情感、态度与价值观的培养。新时代普通高中课程改革,要在"双基"和

"三维目标"的基础上,关注学生的核心素养。此外,《指导意见》还提出,以省为单位,结合新课程新教材实施的要求,制订各学科教学指导意见,特别是对教材处理、目标设定、过程建构、材料准备、教学组织、方法指导等做出具体规定,为教师准确把握课程教材、开展教学活动提供针对性指导。这项政策措施既考虑省级层面高中教学的统一性,又给基层学校教师实际教学留足自主空间。具体到高中学校,可以依据本省的统一要求,结合学校实际,制订有针对性的课堂教学基本要求和教学管理规范。

二是积极推进普通高中教学方式改革。鼓励学校积极探索基于情境、问题导向的互动式、启发式、探究式、体验式等课堂教学,注重加强课题研究、项目设计、研究性学习等跨学科综合性教学,认真开展验证性实验和探究性实验教学。普通高中教学方式改革,充分体现了"以学为中心"的基本取向,各地、各校应通过积极转变师生教与学方式和行为,形成个性化的且有可操作性的科学合理的教学模式,促进普通高中教育教学质量的提高。这些教学方式遵循学生成长规律和认知规律,遵循学科教学规律,聚焦课堂教学价值,准确把握教学目标和教学内容,构建科学的教学结构,细化教学流程,促进学生核心素养的发展。

三是提高作业设计质量,精心设计基础性作业,适当增加探究性、实践性、综合性作业。时代的进步,教育的发展,要求高中教学管理必须与时俱进。高中的作业管理,作为教学管理的重要一环,需要更高效、更主动地为提高教育教学质量服务。

四是积极推广和应用优秀教学成果,推进信息技术与教育教学深度融合,加强教学研究和指导。《指导意见》特别强调,推广和应用优秀教学成果,推进信息技术与教育教学深度融合。这虽然不是一个新话题,但仍然是高中学校深化课堂教学改革的一个突破口。近年来,线上教学活动虽然取得了显著的效果,基本满足了大部分地区学生的学习需要,但是同时也暴露出诸多问题,因此,普通高中要加强信息化教学与常规教学的融合发展,全面提升学校的信息化教学水平。

五是强化教学组织管理。《指导意见》明确指出,要完善普通高中教学管理规范,落实市、县监管责任,强化教学常规管理。当前,不少地区已经出台了加强教学常规管理的地方性规章,对普通高中教育教学质量提升起到了保障作用。《指导意见》还特别提出要严格执行课程教学计划,严禁超课标教学、抢赶教学进度和提前结束课程,严禁组织有偿补课,切实减轻学生过重课业负担。此外,《指导意见》还就减少统考统测和日常考试,加强考试数据分析,做好教学反馈和改进等做出具体规定。

5.加强教学研究和指导

普通高中课堂教学的变革,需要多方加强支持。教研部门要加强对课程方案和课程标准的研究,指导学校研究基于学科核心素养培育的教学策略和评价方式,探索区域联合教研、校际联合教研等多种教研工作机制。高中学校应推进校本教研制度建设,着力探索有效的教学方式、教学手段和教学策略,根据教学实际,找出教师集体备课和教研中存在的深层问题,完善教研机制,提升教研的针对性,常态化开展课堂教学跟进式教研活动。此外,还可以借助专家引领、嵌入式培训、名师工作室等带动机制,以教学实践中存在的问题为突破口,探索与教师日常教学实践相贴合的校本教研形式,比如从学校层面开展的"人人有课题""人人能研究"等活动,引导教师积极开展教学研究,营造人人参研的科研氛围。

三、新时代普通高中课程实施的突出问题

1.先进的课程实施理念与相对滞后的教育理念的冲突

新时代的普通高中课程改革面临着前所未有之挑战,其中之一就是先进的普通高中课程改革理念与部分教师对高中教育的价值与意义缺乏深入认识,尤其是对普通高中课程实施的多样性、复杂性没有充分的考虑,对课程标准的研究和学科核心素养的把握不够。长期以来,普通高中的教学管理,更多的目的在于"提分",强调分数本位,重视升学率。当前忽视全面育人体系

建设的现象还普遍存在,教师普遍重视自己任教学科的日常教学,缺乏对课程实施中培养健全人格、引导学生扣好人生第一粒扣子等育人功能的深层理解。"唯分数""唯升学"仍然是制约普通高中课程改革的重要因素,教学的功利色彩较为浓厚,缺乏对"立德树人"的深切关注。此外,在培养方式上,粗放式的培养模式和传统的灌输式的模式的运用较多,一些普通高中并没有真正实现从"育分"到"育人"的转变。

2.较高的课程实施要求与相对不足的师资队伍的矛盾

新时代普通高中的深层改革,对学校的师资队伍建设提出了较高的要求。一是教职员工尤其是一线教师的专业素养必须提升,没有教师专业素养的提升,就难以应对新课程实施、新教材使用以及新高考改革带来的挑战。二是新课程实施、新教材使用以及新高考改革对教师队伍的结构也提出了新的要求,在实施新课程后,班级增加带来教师工作量增加,选课走班会带来教师上课的潮汐现象,因而出现教师总量不足与结构性缺编。新高考改革以后,各省的选考制度虽有不同,但总体来说,选生物、地理的人多,选化学、政治的人少,而且会出现动态变化,这也要求学校的教师结构能够得到及时优化。

3.灵活的课程实施方式与相对固化的课堂教学的错位

《指导意见》对普通高中的课程实施进行了详细的规定,对课堂教学也提出了新的要求。然而,长期以来,在高考升学的重压之下,普通高中的课堂教学形式较为固化,课堂教学主要以应试为导向,具体表现为灌输式的教学和刷题式的学习还是当前普通高中主要的教与学的方式。广大普通高中教师虽然也认为普通高中教育应该积极回应新课程、新教材和新高考,但是迫于"唯升学""唯分数"的压力,当前的教育教学状况还很难在短时间内得到彻底改变。此外,教师自身的专业素养也需要进一步提升,以适应新课程、新教材和新高考的要求。教研机构虽也组织过各级各类新课程培训活动,但是培训内容与形式比较单一,效果不理想。此外,学校校本教研制度不健全、研究氛围不浓,教师在实施新课程过程中遇到的问题与困惑难以得到及时有效的解答。新课程改革背景之下的课堂教学应该最大限度地运用信息技术等现代教育技术手段创设与生活关联的、任务导向的学习情境,促进学生进行自主、合作、探究式学习,提升学生学科核心素养与完成教学目标。但是现实中,部分学校课堂教学改革力度不大,教师观念传统、教学方法陈旧。

4. 丰富的课程实施样态与相对匮乏的课程资源的差距

新课程的实施对课程资源的开发利用也提出了新的要求,尤其是在培养学生的综合素质方面,还有很多地方、很多学校与基本要求有一定的差距。《指导意见》要求拓宽综合实践渠道,健全社会教育资源有效开发配置的政策体系,因地制宜地打造学生社会实践大课堂,建设一批稳定的学生社会实践基地。充分发挥爱国主义、优秀传统文化、军事国防等教育基地,以及高等学校、科研机构、现代企业、美丽乡村、国家公园等资源的重要育人作用,按规定免费或优惠向学生开放图书馆、博物馆、科技馆、文化馆、纪念馆、展览馆、运动场等公共设施。定期组织学生深入社区、医院、福利院、社会救助机构等开展志愿服务,走进军营、深入农村开展体验活动。但是,调研发现,中西部地区,尤其是一些村镇普通高中学校现有教室基本上只能满足原有教学规模需要,开设选修课、开展综合实践活动和研究性学习所需要的专用教室、实验室、活动场地比较缺乏。例如,上海市在新课程改革过程中,建成学生社会实践基地1900多个,每年提供学生社会实践(公益劳动)岗位40余万个,而中西部农村地区和边远地区与沿海发达地区相比,在实践基地建设、实践活动智能化管理、功能馆室建设上差距明显。

四、优化新时代普通高中课程实施的策略

1. 加大普通高中课程实施的保障力度

普通高中在基础教育中处于关键地位,各地财政要增加对普通高中的专项投入,以保证新高考和新课程实施工作顺利推进,尤其要加快学校教育教

学急需的教室、功能馆室、综合实践活动基地的建设步伐。教育行政主管部门要积极与财政、人事部门沟通，探索适应新高考和新课程要求的教师编制管理新办法，逐步增加普通高中教师编制。积极探索区域内高中教师"局管校聘"新举措，实现区域内在总量短期无法增加的情况下的师资调剂，缓解教师结构性缺编情况。积极与上级教育行政管理部门沟通，及时反馈一线教学中存在的新旧教材衔接不好、教学课时不足、教学内容以及教学进度安排不当等问题，争取在后期政策制定时更多考虑教育教学实际情况。

2. 深化普通高中课程实施的相关研究

加强课程开发的研究。课程是选课走班的基础，也是选课走班的关键。学校要应对新高考的挑战，就需要依据高考改革以及核心素养培养的要求对学校的课程建设进行顶层设计，依据学校的育人目标、发展定位及办学特色等进行统筹规划，进一步加大课程开发的力度，改变原来课程体系单一趋同、课程内容陈旧、课程结构简单的现状，加大选修课课程开发和建设力度，在创客教育课程、人工智能课程、跨学科综合课程等方面积极探索与实践。同时应重视课程资源的配套建设，构建具有时代性的课程体系，提升教学质量。

加强教学方式方法的研究。教研部门牵头编写"学科教学指导意见"，组织"一月一次一天"学科培训和教研活动，重点研究新课程方案、新课标、新高考和旧教材之间的衔接，重点研究如何有效分层教学，如何科学安排教学进度与教学内容，如何科学确立教学目标。完善教学质量调研制度，完善定期交流和研讨机制，围绕学科教师人事制度改革、教学管理改革、学生管理创新、新课程教学资源建设、教学组织安排实施及合格考和选择考教学与评价等热点问题开展专项研讨，一一破解实践难题，总结新经验，开发新课程。

创新教学管理方法。对学校来说，提升教学质量的关键要素是管理，尤其是教学管理，校长要真正做到以学校的核心工作为本位，做好学校的课程管理工作，尤其是教学管理，培养和建设一支勇于探索和实践的研究性教师队伍，引导教师不断深入探索新时代普通高中教育教学新模式，让"研究"真正成为教师的自觉职业习惯。通过研究,转变普通高中的教育教学方式,转变普通高中学生的学习方式。

3.加强普通高中课程实施的有效指导

加强选课走班的指导,需要着重做好以下几个方面的工作:一是建立健全选课指导制度,形成完整的课程说明和选课指南;二是开发课程安排信息管理系统,统筹做好班级编排、教师调配、教学设施配置、学生管理等方面的工作,构建规范有序、科学高效的选课走班运行机制;三是组织有经验的教师建立指导团队,服务于学生的选课指导;四是加强走班教学班级管理,强化任课教师责任,支持学生自我管理。近年来,选课走班在很多学校已有一些有益的试点探索,但也暴露出不少问题,亟须采取有针对性的措施助力选课走班的全面推广。

选课走班与新高考选考改革是密切相关的,普通高中要制订完善的方案,引导学生合理确定选考科目。高中学校担负着一项不可推卸的责任,就是要积极引导学生根据自己的兴趣特长、专业志向、学习优势和职业倾向,结合高校招生专业要求,自主、理性选择考试科目。要避免单纯将考试成绩作为指导学生选课的依据,减少盲目性和功利性。不得代替学生确定选考科目,并且防止出现偏科现象。近年来,高中学生发展指导也被提到议事日程,各地高中学校尝试从高一年级开始开设学生发展指导课程,以多种方式帮助学生正确认识自我,更好地适应高中阶段的学习与生活,选择适合的发展方向,提高职业生涯规划能力和自主发展能力。这些改革创新举措必将带动普通高中学校育人方式的变革和转型。

鼓励不同校情的学校积极探索,在选课走班时采取不同模式和对策。建议学生数量多、学生差异较大的学校可实行"基础+分层"模式,语、数、外三科按学生学习能力分层教学,逐步实现"必修分层、选修分类、艺术分项",加强学生选课走班指导。实践中,一些学校在学期内适当进行分段教学,逐步探索高中不同阶段教学任务、教学模式新思路,把握好学生选课走班时间节点,及时解读高考新政策,引导学生合理选择科目。

  此外,还要加快高中大数据平台建设。大力开展基于教育云平台和大数据的数据分析工作,广泛开展调研测试,积极运用大数据服务普通高中学生选择科目。普通高中专项督导评估制度是确保普通高中规范发展的制度保障,各地需要进一步将在普通高中推进新课程改革、实施新课程以及使用新教材的情况纳入各地区校督政督的重点工作中,充分发挥普通高中专项督导评估的作用。

第六章

普通高中学生发展指导

伴随着新高考和课程改革的推进,普通高中学生发展指导成为高中教育的重要内容。目前,我国普通高中学生发展指导处于积极的探索阶段,各省市自发出台相关政策。分析比较已经出台的各省市普通高中学生发展指导政策,发现各省市对普通高中学生发展指导内容、指导原则、指导方式已达成基本共识,但是在具体的学生发展指导课程性质、课时设置、学分安排、师资配备上呈现出一定的差异性。普通高中学生发展指导活动的有效开展需要明确学生发展指导课程性质,规范课程体系,明确课时学分。基于此,在国家层面上,需要积极出台学生发展指导意见和课程纲要,明确课程实施细则,加强指导教师培训,确保学生发展指导的制度化、规范化、专业化。

一、学生发展指导是育人模式的重要组成部分

高中阶段是学生个性特征逐步稳定并走向分化的重要阶段,随着学生自我认知能力和水平的不断提高,他们开始逐渐明确一些基本的人生目标。长期以来,我国高中课程的选择性缺失以及生涯教育的薄弱,导致很多高中学生对自己未来的发展方向并不十分明确、学习动力不足。但是近年来基于高中学生的基本发展特征,以及学生自主发展的迫切性,高中教育的多样性和选择性才被逐渐重视。我国从2004年开始进行高中课程改革实践,其中最为

核心的改革理念就是强调课程的多样化和可选择性,鼓励学生在学好必修课程的基础上,根据个人兴趣爱好、潜能和未来发展意愿进行课程的选择性学习。《国家中长期教育改革和发展规划纲要(2010—2020年)》明确提出,创造条件开设丰富多彩的选修课,为学生提供更多选择,促进学生全面而有个性的发展。建立学生发展指导制度,加强对学生的理想、心理、学业等多方面指导。2019年,《指导意见》第五部分提出,加强学生发展指导工作,并从"注重指导实效"(加强对学生理想、心理、学习、生活、生涯规划等方面的指导,帮助学生树立正确的理想信念,正确认识自我,更好适应高中学习生活,处理好个人兴趣特长与国家和社会需要的关系,提高对选修课程、选考科目、报考专业和未来发展方向的自主选择能力)和"健全指导机制"(各地要制定学生发展指导意见,指导学校建立学生发展指导制度,加强指导教师培训。普通高中学校要明确指导机构,建立专兼结合的指导教师队伍,通过学科教学渗透、开设指导课程、举办专题讲座、开展职业体验等对学生进行指导。注重利用高校、科研机构、企业等各种社会资源,构建学校、家庭、社会协同指导机制。高校应以多种方式向高中学校介绍专业设置、选拔要求、培养目标及就业方向等,为学生提供咨询帮助)两个方面做了详细规定。

传统高考中简单的文理分科一定程度上限制了学生的自主选择权。从2014年开始,各地陆续出台新的高考改革方案,实行"3科统考+3科自选科目"的政策,试图赋予学生更多选择权,促进学生自主能力与个性化的发展。这给学生带来了挑战,学生选择时存在很多困难,比如,学生不清楚自己的专业优势是什么,不清楚自己将来的人生目标在哪里,也不清楚大学录取专业的要求以及社会的用人需求。在这样的背景下,开展普通高中生涯规划教育,让学生学会选择、学会自我负责,从而促使学生全面而有个性地发展,显得至关重要。通过学生发展指导,可以帮助学生认识课程体系、课程与今后学习和未来发展的关联,激发学生学习的内驱力。[①]面对新高考和普通高中课程改革带来的挑战,开设学生发展指导课程,整合力量统筹进行学生发展

---

① 朱忠琴.论学生的课程理解[J].课程·教材·教法,2018(12).

指导,发展学生核心素养,已成为普通高中教育的重要内容。

自2015年以来,各地纷纷出台了高中学生发展指导的相关指导意见,推进各地普通高中学生发展指导工作。但目前由于国家尚未出台统一的普通高中学生发展指导政策,各个省市多是自发地探索改革,因此在普通高中学生发展指导活动的设计上有一定的差异,在实践过程中也面临着很多困难。当然,各地普通高中学生发展指导在政策设计和实践探索上积累了许多宝贵经验,也可为今后国家进一步推动普通高中学生发展指导工作提供经验借鉴。本部分对截至2019年底各地已经出台的普通高中学生发展指导意见相关政策文本进行比较分析,分析存在的不足,探讨需要明确的问题,以为进一步推进普通高中学生发展指导工作提供政策参考。

二、各地普通高中学生发展指导内容与形式多样

最早出台的普通高中学生发展指导相关文件是2015年5月《浙江省教育厅关于加强普通高中学生生涯规划教育的指导意见》,同年7月,《河南省普通高中生涯教育课程指导纲要(试行)》颁布。2017年,山东省教育厅印发《关于做好普通高中学生发展指导工作的意见》。2018年3月,《上海市教育委员会关于加强中小学生涯教育的指导意见》发布,8月,《海南省教育厅关于加强我省普通高中学生生涯规划教育的指导意见》发布,9月,《广州市教育局关于全面开展中学生涯发展教育工作的意见》发布、重庆市教育委员会关于开展普通高中学生生涯规划教育的通知》印发。2019年4月,河北省教育厅印发《普通高中学校实施学生发展指导意见》,8月,《江苏省教育厅关于加强普通高中学生发展指导的实施意见》发布,9月,《福建省教育厅关于加强普通高中学生发展指导工作的意见》发布。

1. 政策文件名称与所指略有不同

截至2019年底,全国31个省(自治区、直辖市),共有10个出台了学生发展指导相关政策文件。在文件性质上,只有河南省是以课程指导纲要的名义印发的,其他各地均以指导意见和通知的名义印发。在文件名称的核心词运用上,浙江、河南、上海、海南、广州、重庆使用了"生涯规划教育"等类似词,山东、河北、江苏、福建用的是"学生发展指导",反映出2019年的文件更倾向于"学生发展指导"一词,这与国家的一些政策文件运用"高中学生发展指导"一词有关。如,《国家中长期教育改革和发展规划纲要(2010—2020年)》提出建立学生发展指导制度,加强对学生的理想、心理、学业等多方面的指导。再如,《指导意见》提出,加强学生发展指导,注重指导实效,健全指导机制,要求各地制订学生发展指导意见,指导学校建立学生发展指导制度等。另外,在文件涉及的学段方面,上海的文件是面向中小学的,包括小学、初中和高中在内,广州的文件则是面向中学阶段的,包括初中和高中,其他8地是专门指向高中学段的。而在国家层面,学生发展指导重点是面向普通高中教育的。

2.学生发展指导内容和方式基本相同

普通高中学生发展指导的内容和方式可为学校具体落实该工作提供操作性依据。在各地的文件中,虽然学生发展指导内容的描述存在些许差异,但涵盖的内容基本相同,包括自我认知、学业规划、职业规划等。指导方式也基本相同,包括专门的主题课程、学科渗透、职业体验等。可见,各地的学生发展指导工作的基本任务和方式具有较强的一致性,也反映了各地学生发展指导工作面临着共同的问题。《指导意见》强调,加强对学生理想、心理、学习、生活、生涯规划等方面的指导,帮助学生树立正确的理想信念,正确认识自我,更好适应高中学习生活,处理好个人兴趣特长与国家和社会需要的关系,提高对选修课程、选考科目、报考专业和未来发展方向的自主选择能力。可见,学生发展指导工作的内容和任务包含了上述各地文件所规定的显性的"自我认知、学业规划、职业规划"。同时作为推动普通高中育人方式改革的重要机制和抓手的"学生发展指导"工作,也要更加注重隐性的理想信念树立、思想道德认同、五育内化等问题。学生发展指导工作只有将"显性"的内容与"隐性"的理念结合起来,才能达到推动育人方式改革的目的,才能为构建全面育人的教育体系,培养德智体美劳全面发展的时代新人发挥作用。

3.学生发展指导课时设置存在差异

开设学生发展指导课程是普通高中推进学生发展指导工作的重要保障。各地在文件中均提及在学校开展学生发展指导相关课程,但是需要开设专门、独立的课程,还是渗透到各个学科课程中,或者以班会课、综合实践活动等形式开展,各地文件的表述存在一定的差异。

部分地方要求专门开设学生发展指导课程。海南、山东要求高中学校开设专门课程,且对课时也做了要求,但课时要求差异较大。有些地方将学生发展指导课程列为地方课程,而地方课程性质的规定保障了课程的合法地位。重庆市要求高中学校在高中三年以专门课程、活动课程与学科融合课程相结合的方式开设生涯课程,且不少于4学分,其中专门课程不少于1学分。海南省则要求普通高中开设20课时左右的学生发展指导课程。河南省则把生涯教育课程规定为地方课程,要求高中学校每学期开设生涯教育课程不少于10课时,可从学校课程教学时间中安排,也可以与学校各类活动相结合进行落实。每学年计1学分,高中三年共计3学分。山东省则要求高中三年中学生发展指导课程达4学分,其中学生发展指导课程为1学分,其他3学分为职业体验活动,且学生发展指导课程重点在高一、高二年级开设,每周安排1课时或者根据课程统筹安排。总体而言,各地文件中学生发展指导课程数量差异较大,课时等要求也不同,普遍来看所占学分较少,与学生发展指导所承担的学业指导、心理辅导、生涯规划等功能不太匹配。

4.学生发展指导教师配置情况有差异

《指导意见》中对学生发展指导教师队伍建设情况提出了要求,指出普通高中学校要建立专兼结合的指导教师队伍,但对教师的数量配备、比例设置等并没有详细规定。目前,相关地方出台的文件中都对学生发展指导教师队伍结构进行了要求,提出以专职教师为骨干,以班主任、心理健康教师为主体,学科教师共同参与的教师队伍建设方案。有的地方还对学生发展指导教师这一新的教师群体的一体化研训培养,专业教研制度建立等做了规定。如上海市文件中提出,建设大中小幼一体化生涯教育培训基地,配套建立市、区、校三级生涯指导教师研训制度,定期为教师提供具有针对性的生涯教育相关培训和继续教育,打造专业化中小学生涯教育教师队伍,在普通高中学校率先建立和普及生涯导师制。重庆市提出,加强教师职前生涯规划教育。此外,有些地方对专职指导教师的配备人数也做了要求,但具体要求各不相同。如重庆市要求每所高中学校至少配备1名生涯规划教育专职教师。海南省则要求,普通高中学校要建立学生发展指导中心,配备专门的学生发展指导教师,2000人以上高中学校至少配备2名专职教师(含心理健康教育教师)。

三、普通高中学生发展指导策略仍需进一步完善

各地陆续出台学生发展指导文件,对普通高中学校学生发展指导工作的推进起到了一定的引领与促进作用。但是,政策文件在执行过程中也暴露出一些问题。

1.学生发展指导内容与其他相关内容的关系需要厘清

各地的政策文件中明确了高中学校学生发展指导涉及学业指导与生涯指导等相关内容。但是学生发展指导课程与学校开设的心理健康教育课程是何种关系,学校并没有认真思考,现实中,一些学校将心理健康教育纳入生涯教育范畴,一些学校将生涯教育纳入心理健康教育范畴,一些学校将生涯教育与心理健康教育作为并列课程开设,这容易造成课程内容的重复。

2.学生发展指导内容的序列性需要进一步明晰

各地文件中规定了学生发展指导内容,但是由于缺乏课程纲要的引领,因此学校在学生发展指导课程的内容安排上,要与各年级学生的学习进程相联系。高一时需要考虑学生学习、生活的适应性,以及学习方式的调整。新课程改革背景下,学生要在高一第二学期学业水平考试前选择好"3",高三时面临着志愿填报,因此,学生发展指导的内容应侧重于专业、高校志愿的选

择。各年级指导内容的逻辑安排,要与学生的学习经历、学习节律相联系。

3.部分地方学生发展指导课程性质定位不够清晰

各地文件出台前,有些学校自发地开设了学生发展指导或生涯教育课程,但是由于课程的性质定位尚不明晰,课程开设比较随意,缺乏严密、系统的课程规划。少数省份,如河南省、重庆市对高中生涯教育课程性质进行了定位,规定高中生涯教育为地方课程。河南省规定普通高中生涯教育课程为该省普通高中地方课程,对生涯教育的内容、课时、学分进行了规定。重庆市则提出,坚持专门课程、活动课程与学科融合课程相结合,在高一、高二、高三各年级实施,高中三年不少于4学分,其中专门课程不少于1学分,课时由学校在地方课程和校本课程总课时中统筹安排。将学生发展指导课程定位为地方课程,并且有明确的课时,这就保证了学校课程政策执行的力度。但虽为地方课程,课时的差异较大。

4.各地学生发展指导课程用书需要规范

随着国家相关政策文件对高中学生发展指导工作做出要求,市场上以"学生发展指导""学生生涯规划"为主题的相关教材很多,教材内容也有一定差异,质量也可谓参差不齐。另外,一些学校在开设生涯规划课程过程中自行开发编写了校本教材。有些学校并无教材,教师会根据课程需要随意地选择课程内容。目前,已经正式出版的有高中生涯教育学生读本、高中生涯教育教师指导用书,一定程度上促进了生涯教育的发展,但是教材、读本质量参差不齐,使用效果也大打折扣。

四、普通高中学生发展指导的校本实践

我国普通高中学生发展指导早已有之。学校普遍设有班主任教师,由班级任课教师担任,全面指导学生的思想、心理、学习、生活等。如果从1904年《奏定学堂章程》中的"级任老师"算起,班主任制到现在已有100余年的历史。即使从1952年的《中、小学暂行规程(草案)》提出"每班设班主任一人"算起,

班主任制也走过了几十年的历史。但班主任教师没有经过专业的学生发展辅导训练,专业性不强,加之班主任教师教学、事务性工作繁忙,对高中学生发展的指导缺乏系统性、科学性和专业性。近年来,随着普通高中新课程改革的推进,特别是在《国家中长期教育改革和发展规划纲要(2010—2020年)》落实过程中,学校和教育行政部门逐渐认识到学生发展指导的意义,并不断创新举措,加强对学生的学业、心理、理想、职业等方面的指导。

1. 建立导师辅导、指导机制,全面加强学生发展指导工作

进入21世纪以来,特别是在我国普通高中进入大众化发展之后,关于普通高中的性质、定位问题引起了社会各界的大讨论,有的学者认为普通高中应该成为大学的预科阶段,有的学者认为普通高中应在基础教育基础上强调选择性……《国家中长期教育改革和发展规划纲要(2010—2020年)》提出推动普通高中多样化发展。所有这些观点的逻辑起点是要满足学生个性成长和自主发展的需要,要善于呵护学生的个性潜质,培养拔尖创新人才。对学生的发展指导亦是如此。在这一背景下,一些精细化的学生发展指导举措在一些学校实行,如,北京大学附属中学打破年级制,废除班主任制,实行单元制和导师制。每个学生根据自己的兴趣、爱好选择导师,导师也根据自己的能力、学科专长选择适合的学生,实现双向选择。每个导师指导15名左右的学生,全面负责学生的心理、学业、职业、理想等指导工作。北京十一学校为了培养拔尖创新人才,创造良好的指导环境,在高中科学实验班,为学生配备由教授、专家和中学老师组成的导师团。其中"成长导师"由经验丰富的教育专家担任,指导学生养成优秀的个性品质;"学业导师"由有学术专长的博士、硕士教师担任,指导学生构建全面的科学素养。此外,学校还从部分高校和科研院所中特聘知名教授担任"学术导师",发现学生的特点、专长,帮助学生制订个人发展计划,为学生的专业志趣成长提供有利条件。此外,银川一中早在2004年就建立了学生学习指导导师制度,由导师对学生进行全面的发展指导。

2. 通过多种途径指导学生学会选择

普通高中教育向上衔接高等教育,承担着为高等教育输送合格人才的重任,向下对接义务教育,是基础教育的最高阶段,对义务教育的均衡发展以及质量提升同样起着重要的"掌控"作用。同时,作为一个独立的学段,普通高中教育面对的是处于个性成长、自主发展关键时期的学生,学校要为学生提供多种选择的机会,同时要通过课程渗透、研究性学习、社团活动、讲座等教会学生如何做出选择,以及明白选择什么才最适合自己。联合国教科文组织提出21世纪教育的四个支柱是:学会认知、学会做事、学会共处、学会生存。而从某种意义上讲,有选择的教育应该成为普通高中发展的关键,学生发展指导就是提供给学生选择的机会,指导他们选择什么,如何做出选择,且无悔于自己的选择。如,北京四中教师挖掘教材中有关学生理想、生活、心理方面的教育因素,发挥课堂教学的育人功能,使学生发展指导工作与日常教学有机结合。教师不断转变行为方式,把生命教育、生活教育、职业教育、公民教育思想贯彻到自己的教学行为中,以及与学生的日常交流中。如,北京市第一六五中学围绕"如何选择适合自己的职业"这一主题,开设了一系列可持续一年的综合课程;如,北京实验学校开发了有关高中人生规划教育的课程,作为学校选修课程,共18课时。该课程由六部分组成,分别涵盖了了解生活世界,知晓市场需求;深度认识自我,客观分析自己;了解工作世界,储备职业素养;填报高考志愿,了解所学专业;掌握决策技能,制订人生规划;保持动态适应,学会休闲生活。再如,北京十一学校在开展的"认识自我,了解职业"的系列主题活动中,设计了三类主题。一是"了解职业"的假期主题活动。要求学生首先采访一位某行业的人士,读一本或者两本相关行业领军人物或者杰出人物传记,了解这些人物的成长历程、个性特征和行业相关特点,写一篇读后感。二是"了解专业"大学调查活动。要求学生结合职业倾向调查要读什么专业,并调查哪些大学设有这个专业及该专业的高考录取分数。三是在"认识自我"主题活动中,撰写职业倾向分析报告。

3.指导学生开展职业生涯规划并走出校门进行社会体验

学生指导最先源于19世纪末20世纪初的美国职业指导,西方学者托尔斯顿·胡森就明确指出,学生指导是在美国兴起和发展的产物。发轫于职业指导的学生指导,对于今天我国普通高中学生发展指导仍具启示和借鉴意义。我国在1922年将高中设为独立学段,具有"纵向性学术性"定位,选拔、输送优秀人才成为普通高中教育发展的关键主题,却忽略了"横向性职业性"定位,因此,在高中教育大众化的今天,我们仍需要强化学生的职业规划教育。对学生的发展指导,应该强调学生走出校门,走进社区、企业、社会,在实践中发现自我,认识自我。普通高中不仅要根据学生的需求开设职业类课程,而且要整合家庭、社区、企业、校友等教育资源,共同为学生的职业生涯规划创设良好的环境,合力规划学生的未来职业。如,北京一些中学为了让学生对某一职业有直观的感受,让学生调查自己亲人所从事的工作,要求他们跟随亲人体验相关工作1~2天,写出心得体会。上海市天山中学结合学军、学工、学农等社会实践活动,以及学生社团活动、假期学生社会实践活动,充分发挥学军、学工、学农等基地的作用,组织学生走出校门,走向社区、走向社会,进入工厂、农村、部队、企事业单位、高校进行实践体验,了解各个行业的现状,了解各种职业所需的能力,了解各种职业环境要求,了解各种工作角色的特性及工作者的工作状态,了解职业的变化和发展,了解各种职业的社会意义,了解自己喜欢的工作者的工作状态。学校开发家长亲友资源,成立生涯发展学生家长协同指导联盟,聘请他们为学校学生生涯发展的校外辅导员,建立了一批以家长单位为主的职业生涯体验基地。利用校友资源,构建历届校友、家长、志愿者参加的高中生生涯发展指导资源库及其网络平台。梳理近十年来毕业校友情况,聘请他们中的一些担任学生生涯发展校外辅导员,参与生涯发展指导活动,让他们讲述自己的高中、大学历程,探讨如何解决专业、职业选择等难题。此外,请学生访谈认识的校友,深入了解相关大学及其专业设置。借助社会与企业资源,充分发掘国家机关、企事业单位和社会组织志愿者资源,为学生发展提供实践体验场所,传授经验。

4.整合校内原有的教育资源,强化对学生的发展指导

我国对普通高中学生发展指导这一概念的明确提出虽然比较晚,但各校的实践活动早已存在,有的已经制度化。比如班主任制度、心理辅导制度。随着时代的发展,特别是新时期对普通高中教育提出了更高的、人本化的要求,原有的制度、体系不足以满足学生个性成长、自主发展的需要,因此,必须形成新的制度、体系,以对普通高中学生的未来职业规划、理想树立以及个性化成长发挥积极作用。如上海市风华中学开设的生涯规划辅导分为三个阶段。在高一年级,主要帮助新生适应学校、适应学业。高二年级则对学生进行人际交往的发展指导。高三年级的生涯规划则与志愿填报、大学专业认知等升学指导紧密结合。如江苏省淮安中学在原心理咨询室基础上成立了"学生发展指导中心",首批聘请7位指导老师。"打开心灵门窗,让阳光进来"是指导老师的追求。每周一至周五,指导老师全天在指导中心接待前来咨询的学生,指导老师进行热情、细心的讲解,为学生解决了一个个难题,赢得了学生们的称赞。

此外,教育行政部门、学校与企业联合开发生涯指导测试系统或课程,如教育部考试中心(2022年2月更名为教育部教育考试院)开发的"升学指导测验""北大方正专业选择评估系统"。非营利性教育组织与高中合作,旨在培养高中生的创业、职业、理财等技能和综合素质,并注重他们的品格培养。

五、普通高中学生发展指导有效推进的对策建议

普通高中学生发展指导是学生有效学习、做好人生规划的重要保障。政府和学校层面需要极力做好学生发展指导工作。基于各地出台的文件中的问题,迫切需要完善普通高中学生发展指导政策。

1.亟须出台国家层级的普通高中学生发展指导文件

从实践来看,我国普通高中学生发展指导的制度化、专业化、规范化程度不够,各地认识到普通高中学生发展指导的迫切性,纷纷出台相关政策。为

了保证政策执行的规范性和政策的执行力,出台统一的国家层级的普通高中学生发展指导意见势在必行。比如,"指导"作为一种教育方式或教育活动,其背后的理论基础是什么?"施教"一方师资水准如何保证?指导教师如何获得可持续的继续教育?"指导"后如何评估学生的收获?如何对教师的绩效进行考核?对学生的发展指导需要哪些外部条件,体制机制上如何协调,政府应该承担什么责任,经费如何保障?……这些问题都需要进一步明确。同时,从普通高中学生发展指导活动实践来看,也存在一些问题,比如高中三个年级各开设哪些学生发展指导课程,分别以何种形式开展工作,课程开设多长时间,怎么评价课程等。自上而下的政策引领,有助于各地根据统一的课程指导纲要,再结合本地情况推进工作。因此,国家需要研制普通高中学生发展指导课程纲要,以便普通高中学校学生发展指导工作的开展有具体、明确的指南,学生发展指导活动的常态化开展有制度保障。

2.加强普通高中学生发展指导的理论研究

在美国,学生发展指导发轫于高中,继而延伸至初中、小学甚至大学阶段,学生发展指导的内容比较广泛,既包括学业指导,也包括就业指导、心理服务,为学生提供各类信息服务和沟通磋商服务等。我国学者杨贤江提出了"全人生指导"的教育思想,希望对青年学生的理想、修养、健康、求学、择业、社交、恋爱、婚姻等各个方面均给予指导。但是"全人生指导"的教育思想,是建立在革命战争年代的德智体美劳全方位教育基础之上的,虽有借鉴意义,但无法完全适用于现代社会普通高中学生发展指导。因此,当下对普通高中学生的发展指导,仍需要反思:指导背后的理论基础是什么?为什么指导?指导意义何在?为什么在高中阶段如此强调学生发展指导?如果没有深入的理论研究,就会陷入盲目指导的怪圈。

3.整体设计普通高中学生发展指导工作

有效的学生发展指导始于合理的目标。虽然学生发展指导的根本目的是促进学生成长,但对于不同的学校、不同的学生,其具体目标有所不同。学校应基于办学理念和育人目标,分析学生发展特点和需要,制订本校推进学生发展指导工作的具体目标。目标的准确定位对学生发展指导工作的推进、重难点的突破、学校特色的凸显以及学生全面而有个性的发展有重要的影响。[①]学生发展指导是一项系统工程,需要包括政府、学校在内的各相关部门"上下联动,内外协调"。一是各级教育行政部门、人事部门要充分认识到"普通高中学生发展指导教师"对学生未来一生发展的重要性,要逐步建立并完善学生发展指导教师的从业资格标准和专业技术职务评聘办法。招募新的教师时,要严格审查,择优录取。学生发展指导教师要经过不少于一年的系统培训和岗位体验,才可以正式上岗。学生发展指导教师在普通高中属于行政岗,但专业性很强,要建立学生发展指导教师独立的专业技术职务评聘办法,拥有与其他任课教师同等甚至更优越的工作待遇。二是各级教育部门、人事部门要积极为普通高中发展提供充足的教师编制。在充分调研的基础上,结合国内外经验和学校实际,按照师生比不低于1∶300的比例增设专职学生发展指导教师岗位和编制。三是逐步建立学生发展指导教师继续教育和培训机制。学生发展指导教师要不断主动更新自己的知识结构,了解高中生的心理发展特点和趋势,了解社会就业市场的变化,不断调整和更新学生发展指导内容和方法。学校要努力为学生发展指导教师提供参与由大学、企业和其他科研机构等组织的继续教育和培训的机会,并给予一定的经费支持。教育部可依托所属师范大学或著名的咨询服务公司建立专门的学生发展指导教师培训中心,对全国的学生发展指导教师定期培训和进行每五年一次的资格认定。四是学校要积极为学生发展指导提供必备的软硬件设施和制度保障。各普通高中应根据实际成立学生发展指导中心,由一名副校长兼任中心主任,加强中心与学校其他职能部门的联系。班主任教师、任课教师与学生发展指导教师要互通学生发展信息,互相支持工作。学校内部要建立专业督导长效机制和自我评估机制,定期对指导教师的工作状况和整体指导效能进行绩效评估。

---

① 杨清.学生发展指导的学校综合推进策略[J].中小学管理,2020(2).

4. 明确普通高中学生发展指导课程的性质

我国普通高中教育是在义务教育基础上进一步提高国民素质、面向大众的基础教育,任务是促进学生全面而有个性的发展,为学生适应社会生活、高等教育和职业发展做准备,为学生的终身发展奠定基础。普通高中的培养目标是进一步提升学生综合素质,着力发展核心素养,使学生具有理想信念和社会责任感,具有科学文化素养和终身学习能力,具有自主发展能力和沟通合作能力。普通高中学生发展指导要紧紧围绕这一目标进行,着重加强课程建设,明确学生发展指导课程的性质。从一些地方的普通高中学生发展指导的实际经验可以看出,以省为单位统一将学生发展指导课程定位为地方课程,提升到省级统筹的高度,有助于指导工作的有效开展。此外,可以借鉴劳动教育课程的安排方式,明确学分及是否必修等,这样学生发展指导课程才能受到重视,才能发挥作用。另外,与地方课程的定位相对应,下一步需要着手地方教材的编写,以便于学校科学地、高质量地推进学生发展指导工作。

5. 加强专、兼职教师的培养培训

普通高中学生的发展存在确定性与不确定性、可能性与不可能性、连续性与非连续性,这就造成了普通高中学生发展指导内容的复杂性。因此,普通高中学生发展指导不仅需要专门的教育教学,也需要教师在日常学科教学中进行渗透式指引,还需要教师示范性地做好榜样,在日常教育教学中给予学生榜样的力量。因此,学生发展指导不仅需要专职教师做好确定性、可能性预测的指导,如通过专业化的测评指导学生科学合理地选课、选专业,也需要班主任、任课教师在日常教学中发挥人生导师的引导功能。

6. 加强对普通高中学生发展指导的督导

教育督导是教育法规定的一项基本教育制度。普通高中学校学生发展指导工作的推进,需要强化教育督导工作。在督政方面,构建针对地方各级教育行政部门的督导机制,督促省、市、县三级教育行政部门履行学生发展指导工作的职责。《指导意见》指出,各地要制定学生发展指导意见,指导学校建立学生发展指导制度。要加强配套文件的制订,不断完善政策体系。在督学方面,要根据学生指导工作的目标、任务和机制,加强对学校相关工作的督导,特别是课程的设计与开发、教师队伍的建设、指导机构的设置等,不断提高学生发展指导工作的质量。此外,对学校开展经常性督导,发挥好督导的专业的"导"的职能,引导学校加强指导工作,办出特色、办出水平,促进学生德智体美劳全面发展。

第七章

普通高中育人模式变革与信息技术

信息技术是21世纪社会发展最强有力的动力之一,其革命性的发展极大地影响着人类社会。当前,我国信息技术对经济社会发展的影响已开始从量变走向质变。信息技术的发展正在塑造着全新的工作、学习与生活方式,为我国普通高中育人模式变革提供了重要支撑,带动高中教育理念的转变,为服务高中学生多元化、个性化发展提供驱动力。

一、信息技术为普通高中育人模式变革提供诸多可能

1.大规模教育(慕课)推动教与学的方式发生转变

大规模教育(慕课)借助互联网技术的突飞猛进开始对实体教育产生巨大影响,改变了教育供给方式,进而推动教与学方式的转变。"大规模开放在线课程"(Massive Open Online Courses,缩写为MOOC,又称"慕课")的出现,使得学习形态发生了翻天覆地的变化,学生不是安静地坐在教室里听老师讲课,而是通过电脑或者手机登录在线课堂学习,教学内容在信息技术的支持下突破了时间和空间的限制,以更小的投入成本覆盖更多学生。正因如此,全球兴起一场慕课风潮,慕课就像是一所互联网上的学校,可以实现大规模教学互动。美国《高等教育纪事报》的一项在线调查显示,慕课的每个班中学生数平均达到33000人。

与此同时，我国许多大学也进行大规模教育建设。2013年，由华东师范大学考试与评价研究院中外名校研究中心与国内20余所著名高中共同发起的C20慕课联盟(高中)宣布正式成立。[①]C20慕课联盟(高中)旨在推动我国高中开发大规模在线公开微视频课程，促进"翻转课堂"的实施，改善人才培养模式。华东师范大学考试与评价研究院陈玉琨教授认为，名校承担着为全社会分享优质教育资源的社会责任。按照传统的课堂教学模式，名师只能影响一个班级、一个年级的几十到几百名学生，而依托网络，慕课教学可能影响几百万，甚至上千万的学生。

大规模教育异军突起，表明技术与教育的深度融合已成大势所趋。从教育发展进程来看，人类教育活动可划分为"师徒制"教育时代、小规模教育时代和大规模教育时代三个阶段，走过了一条由向家长、长辈学习到向私塾、学校的教师学习，再到随时随地向优秀教师和同伴学习的发展道路。不同时代的教育呈现出各异的特征，如表7-1所示。

表7-1　三个教育时代的特征

项目	阶段划分		
	师徒制时代	小规模教育时代	大规模教育时代
学习对象	向长辈、父母学习	向特定教师学习	向优秀教师和同伴学习
学习方式	个别化学习、隐性学习	集体学习、班级授课制	集体学习、个别化学习和群体互助学习相结合
智慧来源	长辈智慧	教师个体智慧	优秀教师和学生群体智慧
技术支持	无技术支持	印刷媒介、视听媒介	卫星、网络，以及云计算、大数据等技术
学习场所	家庭、作坊	私塾、学校	随时随地

大规模教育吸收了传统教育和远程教育的优点，创建了介于两者之间的一种新型教学形态。美国学者迈克尔·穆尔曾将教育分为两大类型，一是教师直接面授的传统教育；二是远程教育。他认为，传统教育中，教师和学生们处于同一物理时空，基本通信媒介是教师的语言，学生和教师直接面对面接触，可以实现相互激励；而远程教育以教师和学生的分离为特征，师生间的交

[①] 联盟成员学校包括华东师大二附中、哈尔滨三中、东北师大附中、清华大学附中等20余所国内著名高中。

第七章 普通高中育人模式变革与信息技术

流是通过机械的和电子的媒体来实现的。[①]在教育领域,传统教育一直被视为学校面授或课堂教学的同义词,而远程教育是指在非校园课堂面授的环境中进行的教学。教育作为人类重要的社会活动,其本质是人与人之间的交往和互动。美国当代社会心理学家乔治·H.米德在总结前人成果的基础上发现,人类心智的发展、自我意识的形成和社会组织与制度的建立,是社会互动的主要过程,也是社会互动产生的主要条件。[②]建构主义的学习理论认为,知识并不能简单地由教师或其他人传授给学生,而只能由每个学生通过与教师和同学等进行充分的交流和互动,主动地加以学习。在人类教育发展进程中,互动对于教育的发展起着至关重要的作用,决定了不同时期教育的形态和教育规模。教育互动与教育形态发展的关系见图7-1。

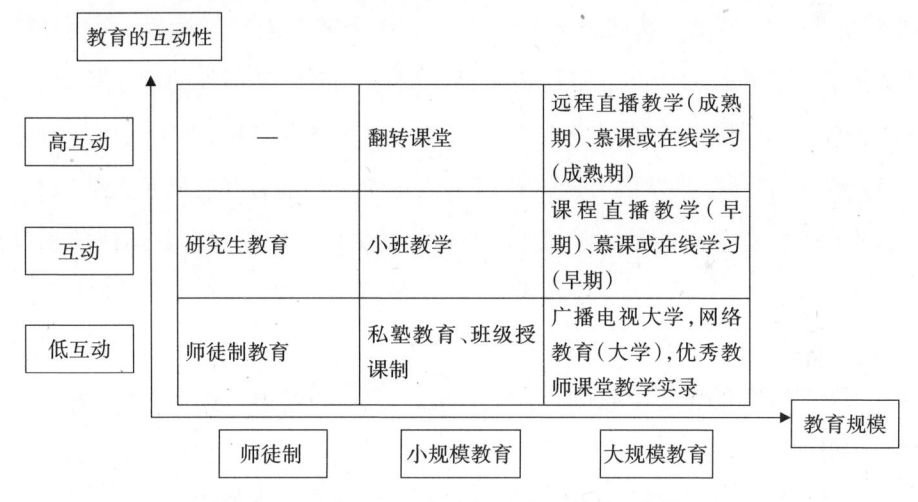

教育的互动性			
高互动	—	翻转课堂	远程直播教学(成熟期)、慕课或在线学习(成熟期)
互动	研究生教育	小班教学	课程直播教学(早期)、慕课或在线学习(早期)
低互动	师徒制教育	私塾教育、班级授课制	广播电视大学,网络教育(大学),优秀教师课堂教学实录
	师徒制	小规模教育	大规模教育 → 教育规模

图7-1 教育互动与教育形态发展的关系示意图

大规模教育催生了"明星教师",推动了教的方式的转变。慕课广泛应用之前,学习都是小规模的,几名或者几十名学生跟随一位教师学习,而信息时代这一状况正在发生改变,成千上万名学生可以在不同的国度的同一时间,向一位教师学习。在大规模教育中,教师的智慧可能得到百倍、千倍,甚至万倍的放大。未来学生大约30%的是向教师和明星教师学习,50%的是向电脑

---

① 丁兴富.远程教育学基本概念与研究对象之我见[J].开放教育研究,2005(1).
② 雷屿.基于社会互动的大学生宿舍人际关系问题研究[D].重庆:西南大学,2011.

(智能教师)学习,20%的向同伴学习。这就要求提供教学服务的教师能够适应大规模教学的特性,擅长于某门学科知识的教授,具有类似于"明星"的魅力,抓住学生的注意力,使其自愿自觉地跟随教师学习。"明星教师"应具备几方面的特征。一是关怀。"以学生为中心"正成为新时期教育的价值追求,而实现这一目标的首要条件就是深度关怀学生情感和心灵。成都七中远程直播教学教师坚持每节课"课前3分钟心灵对话",将教师对学生的关爱融入其中,拉近了大城市名校学生与边远贫困地区、民族地区薄弱校学生的心理距离,大幅度提升了薄弱校学生的自信心,推动远程直播教学取得巨大成功。二是激励。明星教师的使命在于激励、鼓舞学生学习。德国教育家第斯多惠指出,教学的艺术不在于传授本领,而在于激励、唤醒和鼓舞。然而,当前的教育模式恰恰忽视了这些最重要的东西。作为明星教师,"激励、唤醒和鼓舞"孩子正是其魅力所在。三是追求技术时尚。无论是国外的明星教师,还是我国的明星教师,在他们身上无不体现出追求技术时尚,善于运用技术创造出"数字新生代"喜欢的方式进行教学的特质。伴随着互联网长大的"数字新生代"更愿意在新的数字环境下学习,也更喜欢那些能够娴熟运用信息技术,善于与学生沟通、互动,具有活力等特质的教师。四是创新。创造思维大师爱德华·德·博诺博士曾经把商业管理人员分为四类:第一类人像火车司机,只能在既定的轨道上行驶,对机会的反应不强烈;第二类像医生,大部分时间是用来对付已经发生的问题,"头痛医头,脚痛医脚",对寻求机会也不积极;第三类人像农民,只是希望在有限的土地上取得最大的收获,缺乏冒险精神;第四类人像渔夫,作业范围广,善于发掘机会,敢于冒险却不能保证有收获。[1]明星教师更像渔夫和猎人,善于营造出相应情境,"激发"和"唤醒"学生的兴趣与创造力。

2."以学生为中心"的个性化教学模式成为可能

随着互联网、大数据、云计算技术的迅猛发展,构建"以学生为中心"的个性化教学模式成为国际潮流。人工智能、大数据等信息技术的广泛应用,可

---

[1] 王枬,等.智慧型教师的诞生[M].北京:教育科学出版社,2006.

以为构建智能教学系统,关注每个学生的学习和成长过程创造条件,从而为学生的学习创造最佳学习环境。

智能教学系统是一种借助人工智能技术,让计算机扮演教师的角色实施个别化教学,向不同需求、不同特征的学习者传授知识、提供指导的适应性教学系统。[1]智能教学系统以建构主义认知发展理论为指导,结合各学科知识结构和认知规律,为学生提供了一种通过发现式学习提高学习效率的途径,目的是通过培养学生学习兴趣、建立克服困难的自信心、熟练掌握学科知识技能,使学生具有独立思考、分析、判断和应用的能力。智能教学的个性化学习效果显著。美国教育家本杰明·布鲁姆在20世纪80年代研究发现,个性化学习可以使成绩拔尖学生数由传统教学的2%上升到50%。

Google高管马克思·万提拉(Max Ventilla)创立的AltSchool在智能教学环境下,提倡构建以学生为中心的教育模式。第一,学生按照个人进度学习。每个学生的学习计划、课程表和作业都不同,课程的安排适应学生的个人水平而非年龄。第二,学生自己决定学什么。依靠软件的帮助,教师会根据学生现状制订全年的学习目标。在这种新型学习环境中,学习不再是唯一重要的事情,学生性格的养成、情感需求的满足以及学生核心素养的养成,成为教育者关心的事情。

近年来,我国教育信息化发展迅猛,目前中小学平板电脑正逐渐成为继投影仪、电子白板之后的又一个应用"标配",推动教育向个性化转变。2010年,《国家中长期教育改革和发展规划纲要(2010—2020年)》强调:"尊重教育规律和学生身心发展规律,为每个学生提供适合的教育。"目前,我国普通高中利用智能化技术手段构建"以学生为中心"的个性化学习系统,以满足学生的个性化学习需求,追求教育教学效果的最大化。个性化学习是一种"以学定学"的"个人定制"学习,追求"一生一课程""一生一计划",这将使学校的课程供给方式从"统一批发"转变为"个人定制",实现学校教育范式的转型。

---

[1] 智勇.分布式学习环境中的智能授导系统研究[D].南京:南京师范大学,2004.

3.高效便捷的教学组织管理成为可能

"选课走班教学"是国家考试招生制度改革的具体实施形式。为了满足学生对课程的不同需求,各学科分类别、分层次设计了多样的、可供不同发展潜能学生选择的课程内容。选课走班就是学生根据自己的成绩、兴趣,选择各科不同难度层级、类型的课程。从科目上看,具体选哪一科或哪几科,即"分层",从几年级开始"走班教学",不是"一刀切",而是学校有自主权,可以根据实际情况自主决定。其中,理科类课程分层,有的分3个层次,有的分4个或者5个层次。例如,北京十一学校,全校文科共有400多门课程和272个学生社团,学生可以自主选择适合自己的课程,全校4000多名学生,就有4000多张不同的课程表。同一学科水平近似的学生在一个学科教室上课。选课走班的推行对普通高中学校提出了挑战,尤其是在选课、排课等课程组织管理方面,管理难度已经超越了教师个体的能力极限,需要借助信息技术解决选课走班带来的教学管理问题。

利用信息技术有效化解分层走班后新增的排课压力,有助于提升选课走班改革的成效。选课走班为学生的发展提供了广阔空间,但同时,在现有的教师资源、教室资源、教学资源条件下,如何科学合理地做好资源分配,是一个需要认真思考的问题。可以说,普通高中选课走班能够取得成功,信息技术发挥了重要作用,像智能排课选课系统就承担了选课走班大量的任务——课程预选、分班设置、智能排课、课表生成、调课代课等。利用人工智能可以很好地解决学校课程安排中的各种特殊情况,具有实用性较高、排课更科学等特征,有效地保障了选课走班改革的顺利进行。

信息技术支撑下的选课走班改革已经彰显了诸多优势。一是激发学生学习的积极性和创造性。时任北京十一学校校长李希贵说:"改革的目的是激发学生的主动性、积极性和创造性,通过体验、选择,引导学生们最大限度地发现自我、唤醒自我、成为自我。"[1]该学校秉持这样的理念——把学校办成智慧勃发的场所,培养有独立人格和思想的公民。在这里,每一位师生都充

---

[1] 董洪亮.一个学生一张课表[N].人民日报,2014-2-28.

满个性,能最大限度地发挥自己的潜能。二是有利于个性化教学,实现因材施教。学生可以根据自己的学习情况,进行有选择、有区别的学习。学校可以营造出"海阔凭鱼跃,天高任鸟飞"的学习环境。三是选课走班推动普通高中整体教学改革,有助于促进传统应试教育向素质教育转变。四是促进普通高中教育教学评价机制的改革创新。

二、利用信息技术推动育人模式变革仍面临诸多挑战

1.教育信息化"重建设,轻应用"

教育信息化作为促进教育公平,提高教育质量,推动教育现代化的支持手段,凸显出越来越重要的教育支撑作用。"没有信息化,就没有现代化"正逐渐成为广大教育工作者的共识。然而,由于应试教育的影响根深蒂固,一些地方和学校对教育信息化的战略地位和重要作用认识不足,对教育信息化建设缺乏长远发展和整体推进的思考,工作中循规蹈矩、惰性思维突出,存在"重建设,轻应用""上热下冷,外热内冷"现象,距离师生对优质教育资源的需求还有较大差距。究其原因,与缺乏"互联网+"时代的"痛点"思维有着密切关系。所谓"痛点"是指,用户在使用产品或享受服务过程中不满的、抱怨的、让人感到痛苦的接触点。"痛点"从一个侧面反映出多数人希望解决的问题或有待实现的愿望,因此,"痛点"思维通常是指"用户至上"思维,想用户所想、急用户所急、办用户所需,不断满足用户的愿望。"痛点"思维有助于大幅度提高工作的针对性和有效性,扩大有效供给,降低无效劳动。

教育信息化不只是一种技术,更是一种思想,一种价值观,一种改变社会的力量。"痛点"思维蕴藏着巨大的变革力量,如何跟上时代发展步伐,努力提高工作的针对性和有效性,是当前普通高中教育信息化工作面临的重大课题。

2.新数字鸿沟急需填补

党的十八大以来,国家加大教育投入,我国边远、民族地区中小学校教育信息化基础设备设施建设有了较大发展,基本填平了"数字鸿沟"。调查显示"三区三州"中小学校的生机比为11.2∶1,师机比为1.6∶1,大体相当于我国2017年的平均水平(生机比12∶1,师机比1.3∶1)[①]。网络建设、多媒体教室建设、教育教学资源与管理平台以及师资队伍建设方面都取得了前所未有的进步,学校基本具备了开展信息化教学工作的条件。中小学教师利用信息技术开展主要活动情况见图7-2。

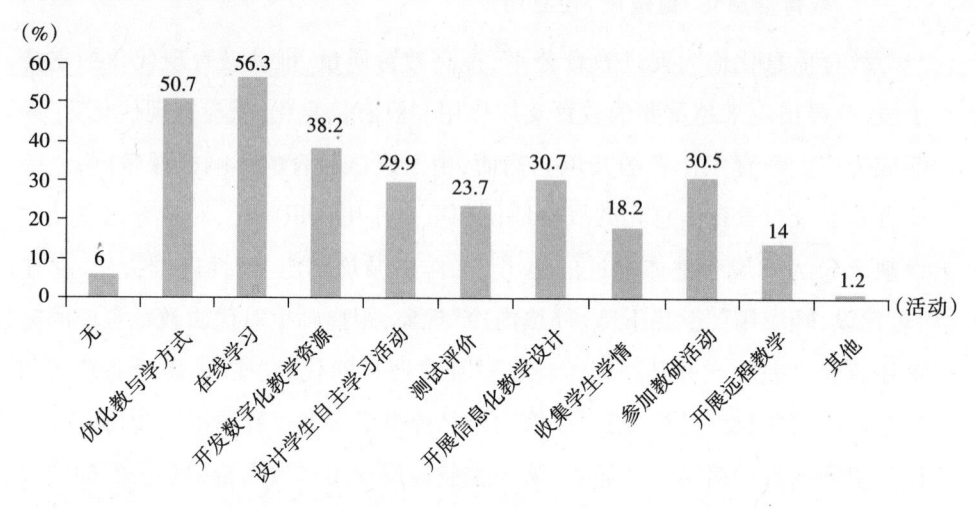

图7-2 中小学教师利用信息技术开展的主要活动占比

然而,我国教育信息化仍存在明显的区域差异,且差异的表现形式更为隐蔽。偏远、民族地区虽然解决了设备资源"没有"、网络"没通"等"数字鸿沟"问题,但随之出现了如何让这些技术和资源"沉下去""用起来""发挥效益"的问题,形成了"新数字鸿沟"。数据显示,"三区三州"中小学教育信息化总体满意度为60.7分(满分为100分),其中仅有34.9%的校长对本地区教育信息化发展状况表示满意。这一数据也表明"新数字鸿沟"已成为当前教育信息化发展中的主要问题。"新数字鸿沟"通常是指,在因"物理接入"而导致

---
① 教育部教育信息化战略研究基地(华中).中国教育信息化发展报告(2017)[M].北京:人民教育出版社,2019.

的传统"数字鸿沟"逐渐弥合的同时,因计算机应用或上网技能差异而导致的"技能鸿沟"和"使用鸿沟"。[1]"新数字鸿沟"对教育教学影响较大,直接关系到积极、创造性地利用技术支撑进行学习,还是利用技术进行内容消费的被动学习的大问题。

普通高中对信息技术应用层次较低,从一个侧面折射出我国当前高中育人模式变革的难点所在。调查结果显示,"三区三州"90%的教师认为,数字技术的教学应用主要局限于播放PPT、视频等信息,用于支持传统教学的被动学习,而较少用于支持教与学方式的变革,支持新课改倡导的自主学习、合作学习和探究学习等学习方式,特别是较少用于培养学生创新能力、高阶思维能力等。"新数字鸿沟"对学生的影响非常隐蔽,往往会被表面的"物理接入公平"所掩藏,使利用信息技术促进教育公平的举措发挥不了应有的作用,使部分地区的教育长期徘徊在低水平的教育公平上,难以迈向现代化。

3.疫情暴露在线教育亟待转型升级

2020年春季猝不及防的疫情,给教育带来一场重大考验。在教育部"停课不停学"总体要求下,几乎所有学校都将线下课堂"搬到"线上,学生几乎一夜间过上了网上学习生活,原本作为辅助、可有可无、并不成熟的在线教育一下子成了学校的主流教学模式。

2020年疫情期间那场史无前例的在线教学"实验",结果喜忧参半。喜的是,我国教育信息化经过二十多年高速发展,基础设备设施建设取得巨大成就,基本可以满足学生进行数字化学习的需要。对于一个教育人口多、城乡差异大的国家来说,取得这样的成绩实属不易。忧的是,数字化学习质量并不高。例如,河北某学校在复课后进行的摸底考试中发现,初一、初二学生成绩都不及格,原本学习较好的小学四年级学生平均成绩由95分降到了75分。无论是国家、学校还是老师都为疫情期间在线教学的顺利进行付出了巨大努力,但结果并不理想。究其原因,主要还在于教学方式没有根据在线教学的

---

[1] 王美,徐光涛,任友群.信息技术促进教育公平:一剂良药抑或一把双刃剑[J].全球教育展望,2014(2).

特点和要求进行调整,而更多的是把传统课堂简单地由线下转移到线上。教师由传统课堂上的"主演"化身为"霸屏"的"主播",放大了传统"无活力"教育的弊端。调查结果显示,"教师主控"的在线课堂,其活动率为0.83、语言率高达0.81(远高于常模0.68),而学生活动率仅为0.12。[①]在电子产品小小的屏幕上,即便教师使出浑身解数,仍难以博得学生喜欢。不仅如此,在线课堂中学生参与程度有限,减弱了课堂对学生的吸引力。在线课堂中,学生变成"观众",课堂互动率仅为0.11,几乎没有提问,没有互动,没有合作探究等。不适当的教学方式使得在线教学给师生戴上了技术枷锁,反而束缚了他们的手脚,让在线学习比传统课堂更加枯燥乏味。这种教学不仅让师生体验到了种种尴尬和痛苦,而且还难以保证教学质量。中国教育科学研究院的调查结果显示,对于这种"以知识传授为主,学习的交互性和探究性仍显不足"的教学,仅有37.4%的教师表示非常或比较满意,40.4%的家长表示基本满意。[②]教学中,广大师生非但没有体验到在线教育的优势,反而丢掉了传统教学的长处,出现了"非骡子非马"的尴尬局面。难怪有的学校复课后,急着"回锅"重新补课。这种现象不只出现在中国,在西方发达国家亦是如此。

这一现象反映了技术与教育观念、教学模式不相匹配的深层次问题。总的来看,信息技术的发展速度远远超越了我国教育发展,并对我国教育发展已经产生了一种倒逼的力量,推动教育进行系统化变革。与此相对应,教育信息化就必须从解决"一招一式"的局部问题,转到重塑教育理念、课程体系、教学制度、教学方式等上,即从工具应用转到体系、范式的重构上,进而推动育人方式的整体变革。

三、智能时代普通高中育人模式变革方向

人类社会正在经历一场新的智能教育革命,未来教育将进入"人机共育"时代。所谓"人机共育"教育,是指建立在人工智能、大数据、云计算等现代信

[①] 陈实,梁家伟,于勇等.疫情时期在线教学平台、工具及其应用实效研究[J].中国电化教育,2020(5).

[②] 中国教育科学研究院课题组.大规模在线教育调研及未来教育展望[N].中国教育报,2020-6-13.

息技术基础上,充分发挥人类教师与智能教师(机器)的优势,开发人的潜能,培养创新型人才的新型教育。构建"人机共育"教育模式,需要跳出工业时代传统的"三中心"教育思想,转向构建智能时代"以学生为中心"的新型教育。高中教育作为教育的重要组成部分,无疑也必须面对智能时代的各种冲击和挑战,要在深刻把握智能时代特征的基础上抓住育人模式改革与转型的契机。

1. 新范式:以学生为中心

"人机共育"教育的核心是构建"以学生为中心"的教育,真正落实"有教无类、因材施教"的教育理念。早在2010年,《国家中长期教育改革和发展规划纲要(2010—2020年)》提出:"信息技术对教育发展具有革命性影响,必须予以高度重视。"什么是"革命性影响"?革命就是根本性改革,破坏旧的生产关系,建立新的生产关系,解放生产力,推动社会发展。2010年美国对外发布的美国国家教育技术计划——《变革美国教育:技术推动学习》指出,过去信息技术在教育系统中的应用基本上还停留在细枝末节式的修修补补,并没有充分发挥信息技术的巨大潜力和作用,而其他行业的成功经验已充分证明,只有当信息技术引发组织在结构、流程等层面的深层次、系统化、整体性变革时,才能取得最大的收益和成效。也就是说,教育系统需要进行一次彻底的范式转变,需要进行由技术支持的重大结构性变革,需要重新设计各级教育系统的工作流程和体系结构,而不是进化式的修修补补。查尔斯·M.赖格卢斯(Charles M. Reigeluth)认为,教育系统的范式转变则是由一个旧的教育范式转换到一个全新的教育范式,如今,我们正在由工业时代进入信息时代,同样需要一次系统的教育范式转变。[1]

2. 新目标:培养"创新人"

联合国教科文组织在《学会生存——教育世界的今天和明天》报告中指出,教育要为一个尚未存在的社会培养新人[2],并把"培养创新性"作为教育的

---

[1] 段敏静,裴新宁,李馨.教育系统的范式转变——对话国际教学设计专家Charles M.Reigeluth教授[J].中国电化教育,2009(5).

[2] 联合国教科文组织国际教育发展委员会.学会生存——教育世界的今天和明天[M].上海:上海译文出版社,1979.

主要目的之一。我国著名教育专家叶澜呼吁,教育应该持有超前意识,培养尚未存在的社会"新人"[①]。理想的"新人"应体现时代精神和新教育对象观的综合,这一综合主要包括人的认知能力、道德面貌和精神力量三个不同维度的内涵。[②]而随着"00后""10后"逐渐成为学生主体,教育面临着培养"创新人"还是"消费人"的严峻挑战。唐凯麟教授认为,伴随着电脑、网络、手机等数字媒介长大的"数字原住民",与他们的父辈在认知、态度及行为习惯等方面迥然不同,并呈现出两种不同的发展态势:一种是适应新技术革命要求的新型的"创造人",另一种是"消费人"或"享乐人"。如果说,工业革命解放了人类的四肢,那么,智能革命将解放人类的大脑,释放人的自主性、能动性和创造性,为培养出新一代"创新人"奠定基础。[③]

2019年,习近平在向"国际人工智能与教育"大会的贺信中深刻阐述了人工智能给教育带来的革命性影响,提出了"培养大批具有创新能力和合作精神的人工智能高端人才,是教育的重要使命"的论断,赋予了智能时代"接班人""建设者"新的时代内涵,为我国教育未来发展指明了方向。

3. 新素养:培养学生的学习力

学习力概念最早出现于20世纪60年代,并在20世纪80年代的欧美形成研究热潮。通常,学习力是指学习能力、动力、态度和创新能力的总和。面对21世纪的到来,裴娣娜教授曾指出,以学习力与学生个性发展为中心,如何在学习力理论指导下寻求重构我国学生学习生成发展之路,是中国教育工作者面向未来发展必须思考和回答的重要内容。[④]哈佛大学柯比教授揭示,哈佛大学学生成功的秘诀就在于培养他们的学习力。

培养学习力是一场以满足学生个性发展为宗旨,"为智能而教"的教育变革,其实质是要发展学生与生俱来的学习的本能、创造的欲望等,而不是将外在的东西强加给学生。经过多年研究,北京师范大学发展心理研究所陈会昌教授

---

① 叶澜.世纪之交中国学校教育文化使命之思考[J].教育改革,1996(5).
② 叶澜.时代精神与新教育理想的构建——关于我国基础教育改革的跨世纪思考[J].教育研究,1994(10).
③ 唐凯麟.当代新技术革命与人的发展[J].中国德育,2010(2).
④ 裴娣娜.学习力:诠释学生学习与发展的新视野[J].课程·教材·教法,2016(7).

形象地指出,每个孩子身上有两颗种子,其中第一颗种子就是自我控制力,另外一颗就是个人的主动性。[①]美国麻省理工学院徐启天教授认为,学生身上有6颗种子,即专注力、积极性、自信心、思考力、独立性、自识力。教育的核心在于培养学生内在的"种子"和素养,帮助学生健康成长,成为社会所急需的创新人才。

4.新课程:建立能力发展课程体系

传统"三中心"教育转向智能时代"以学生为中心"的新型教育的关键,在于建立新的课程体系,即由应试教育课程体系转为培养学生能力的新型课程体系。新课程体系的建构须充分发挥信息技术的支撑作用,构建"以学生为中心"的新型教育模式,由原来按照学科知识体系,即学科知识逻辑体系构建,转变为按照学科知识体系、学生认知规律、学生认知能力和学生学习规律来构建。

以IDIIL智能教学系统[②]为例,该教学系统以认知科学理论为基础,综合运用教育学、人工智能、教育技术学、教育心理学等学科研究成果,将学习知识、培养技能与培养学生核心素养融为一体,很好地解决了它们之间的矛盾。通过智能教学系统可实现"个人定制"的学习,实现"一生一课程""一生一计划",为培养学生核心素养、构建未来教育模式提供有益借鉴。IDIIL智能教学系统与其他教学体系的比较见表7-2。

表7-2　IDIIL智能教学系统与其他教学体系比较表

项目	IDIIL	学校传统教学	其他网校教学
分班	无分班,根据学生学习能力不同,实行个别化教学	按年级和能力分班	传统教学或无序
教师角色	规划、分析、辅导、激励	单向传道授业	无或只负责传授

---

① 陈会昌.儿童身上的两颗种子[J].中华家教,2009(3).
② IDIIL智能教学系统是20世纪90年代,由来自美国哈佛大学、麻省理工学院、普林斯顿大学,以及来自我国的数学、语言学、心理学等方面专家共同参与研发的教学系统。IDIIL是英文单词的缩写,它们分别是:I——个别化学习(Individualized learning)、D——发现式学习(Discovery-based learning)、I——交互式指导(Interactive guidance)、I——渐进式成长(Incremental development)、L——以学生为中心的教学(Learner-centered instruction),这5个英文字母分别代表了实现IDIIL宗旨的5条途径和理念。

(续表)

项目	IDIIL	学校传统教学	其他网校教学
学生角色	主体性学习、思考、作决定	接受知识	自由练习
素养培养	培养自信心、自主学习、主动思考等素养及能力	学科知识、技能	技能强化
教材	完整细腻、开放渐进、一贯性强、多元智能开发、注重探索发现	完整但不注重探索发现、一贯性差	偏重练习
教学流程	完整、全程互动、高效率	完整但单向	无或松散
学习评估	全程跟踪、分析	大小考	局部测验
学习理论	以建构主义理论为指导,融汇了教育学、心理学理论,符合课程改革目标要求	传统理论,有些不符合课程改革目标要求	无特殊理论
学习压力	激发长期学习动力,个别化学习压力适当	常造成反效果的高压力	无压力、无序

5. 新方式：实现个性化、发现式学习

经济合作与发展组织（OECD）教育和技能司司长安德烈亚斯·施莱歇尔（Andreas Schleicher）曾这样描述未来教育：今天的教育对于年轻人来说是一个罗盘，他们要用罗盘开启自己寻求知识的征程，并且寻找他们以前不一定可以找到的答案。这是一种新型教育，在"人机共育"教育环境中，学生可以自主化、个性化、发现式学习，在探索、发现中摸索规律，掌握知识。在信息技术支撑下的学校更像是一个学习中心，学生不分年级、不分班级，在一个学习共同体中学习与成长，体现了"人人皆学、时时能学、处处可学"的学习精神和追求。

以IDIIL智能教学系统为例，该系统采取了"入学评测"等七步教学流程，较好地体现了"用罗盘开启自己寻求知识的征程"的新型教育观点。顾明远先生认为IDIIL智能教学系统通过先进的技术手段促进学生自主学习和个性化学习，凸现学生在学习中的主体地位，改变传统课堂的授课方式，是信息技术促进教学变革的突破口。IDIIL智能教学系统的应用展示了未来教育发展的方向，即通过教育与技术的深入融合，激发学生的潜能，给予学生个性化的辅助支持，促进每个学生的发展。IDIIL智能教学系统的教学流程如图7-3所示。

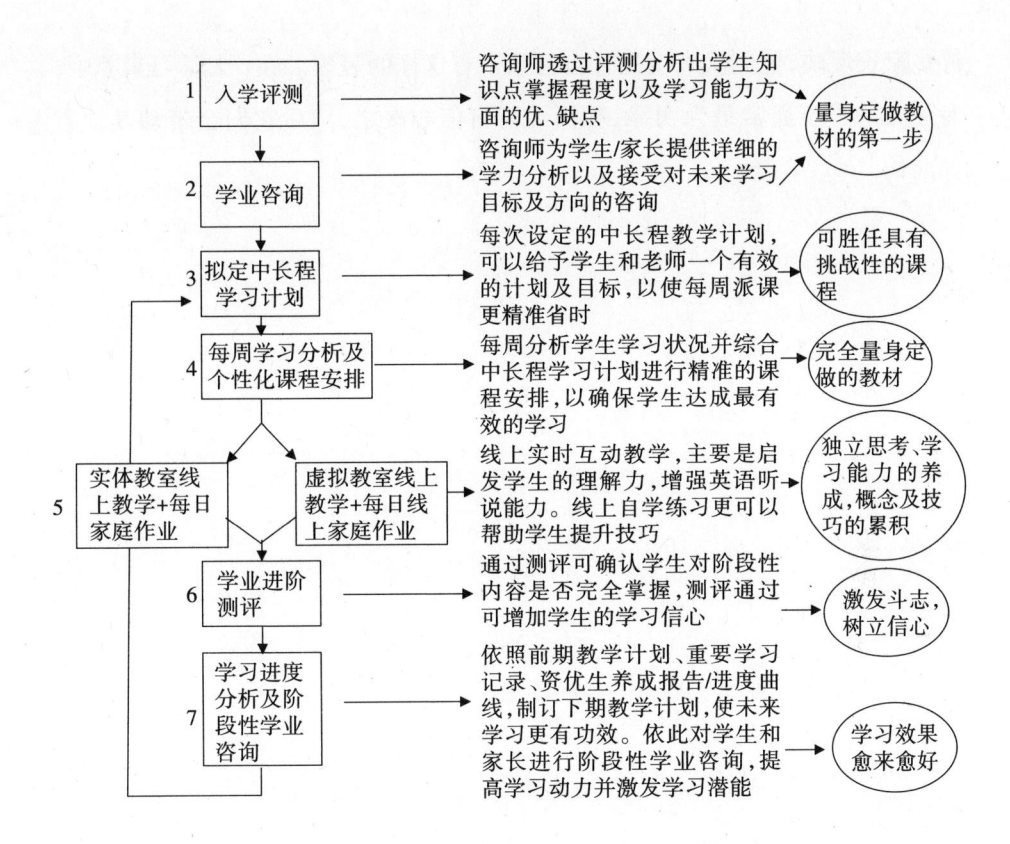

```
1  入学评测  →  咨询师透过评测分析出学生知识点掌握程度以及学习能力方面的优、缺点  →  量身定做教材的第一步
          ↓
2  学业咨询  →  咨询师为学生/家长提供详细的学力分析以及接受对未来学习目标及方向的咨询
          ↓
3  拟定中长程学习计划  →  每次设定的中长程教学计划,可以给予学生和老师一个有效的计划及目标,以使每周派课更精准省时  →  可胜任具有挑战性的课程
          ↓
4  每周学习分析及个性化课程安排  →  每周分析学生学习状况并综合中长程学习计划进行精准的课程安排,以确保学生达成最有效的学习  →  完全量身定做的教材
          ↓
5  实体教室线上教学+每日家庭作业 / 虚拟教室线上教学+每日线上家庭作业  →  线上实时互动教学,主要是启发学生的理解力,增强英语听说能力。自学练习更可以帮助学生提升技巧  →  独立思考、学习能力的养成,概念及技巧的累积
          ↓
6  学业进阶测评  →  通过测评可确认学生对阶段性内容是否完全掌握,测评通过可增加学生的学习信心  →  激发斗志,树立信心
          ↓
7  学习进度分析及阶段性学业咨询  →  依照前期教学计划、重要学习记录、资优生养成报告/进度曲线,制订下期教学计划,使未来学习更有功效。依此对学生和家长进行阶段性学业咨询,提高学习动力并激发学习潜能  →  学习效果愈来愈好
```

图7-3　IDIIL智能教学系统的教学流程

6.新评价:注重增值性评价的积极效用

未来"人机共育"教育将采取增值性评价方式,将学生从传统教学的考试、评比的"竞技场"中解脱出来。评价的目的是促进学生发展,学生学习只跟自己比,没有压力,只有探索的乐趣;静待学生"开窍",最大限度地释放学生的潜能。例如,IDIIL智能教学系统注重培养学生的6大学习素养,通过观察、统计分析,可以发现"学困生"发生了显著变化。实施该教学模式一个星期后,100%的学生都特别期待IDIIL课程,知道自己在IDIIL课堂里的责任,没有惧学、厌学情绪,专注力和积极性都有了较为明显的提升;三个星期后,超过90%的学生的自信心有了明显的提升,并且多数已经反映在学习态度上面;一个月后,100%的学生在做IDIIL家庭作业时表现出了积极、主动的态度。

许多家长反映,他们从来没见过自己孩子有这样的表现。在6大学习素养中,专注力的进步通常最为明显,积极性与自信心次之,然后它们会带动其他素养成长。

第八章

普通高中育人模式变革的区域样本——江苏

作为一个抽象的学术概念，育人模式在现实中并不存在对应的"实体"。育人模式要在实践中得以体现，关键是找到一个载体，一个合适的"抓手"。课程是育人模式的核心要素，如果能"以小博大"，以点带面，通过深化课程改革促进育人模式整体转型，不失为一种好的路径和策略。2011年，江苏省教育厅启动了普通高中课程基地建设，以环境变革倒逼教学改革，从学科教学转向学科育人，促进学生自主学习、个性化发展，满足学生多方面的成长需要。经过多年的探索，从理论提炼到实践推广，从试点探索到全面推动，从运行机制到实践样态，都积累了一定的经验。作为一个经济和教育发展都位居全国前列的省份，江苏提供了一个以课程基地建设促进普通高中育人模式转型的区域样本。

一、课程基地促进育人模式转型的现实背景

作为面向全省自上而下推动的区域性育人模式变革，江苏省以课程基地建设促进育人模式转型的重大举措立足于解决区域教育发展中存在的重大问题，深入推进基础教育改革，同时呼应国内和国际教育发展的大趋势，紧跟时代发展的潮流。

20世纪末以来，为顺应信息化、全球化、知识经济和互联网迅猛发展等社

会变革,世界上主要的发达国家都立足于本国国情,从不同层面推进高中教育变革。纵观这些国家的高中教育变革,大多数将课程改革作为改革的重点,而课程改革的重点,又大多指向育人模式的转型。各国高中课程改革大多立足于其基本国情,有自己的独特之处,但整体而言也有很多共同的趋势:一是更加突出课程的"育人功能";二是在课程结构方面,减少必修,增加选修,使课程选择更加具有弹性;三是在课程内容上,更加倾向于综合性的内容;四是在课程管理上,更加具有弹性;五是各国都强化信息技术课程的开设与实施;六是重视生活技能的训练。

到21世纪初,我国的高中教育在规模上取得了巨大的成就,普通高中教育早已结束了精英教育的历史,正快速步入普及化的时代。在规模快速扩大的同时,普通高中的育人模式和育人质量已经不能很好地满足社会快速发展的需要,不能很好地满足学生个性化发展的需要。受"高考指挥棒"的影响,高中阶段是"应试教育的重灾区",学校培养模式单一,一切向"提高分数,提升高考升学率"看齐,无法满足不同学生的个性化发展需要,更不用说挖掘学生的潜能。正是基于这一现实,《国家中长期教育改革和发展规划纲要(2010—2020年)》提出,推动普通高中多样化发展,实现培养模式多样化,探索发现和培养创新人才的途径,鼓励普通高中办出特色。因此,如何深入推进我国普通高中教育改革,成为无法绕过的一道现实命题。

作为经济和教育大省的江苏,其普通高中教育办学质量一直走在全国前列。2015年江苏省高中阶段毛入学率为99.1%,高于全国平均水平12.1个百分点,也高于高收入国家0.6个百分点。高中教育规模发展的历史任务已经基本完成,今后一个时期的主要任务是促进每所高中内涵发展、优质发展和特色发展,让每一位学生从"有学上"到"上好学"。在教育资源配置上,区域差距、城乡差距、校际差距等方面的差距还比较明显,2010年江苏省教育厅组织的"教育公平"网上问卷调查结果显示,35.42%和41.16%的被调查者认为高中教育阶段的教育资源(如师资、硬件设施、图书资料等)的分配很不均衡或不太均衡。在课程教学方面,江苏省普通高中的表现也不容乐观。江苏省普通高中课程教学情况的相关问卷调查显示,非高考科目普遍不被重视,学校课程建设能力不强,讲授式、练习式教学方式仍未根本改观,学生课业负担依然很重,70%以上的学生有时、很少甚至从不利用实验室进行学习,学生学习方式没有得到根本转变。不可否认,和全国很多地区一样,江苏省课程改革虽然取得了一定成效,但学生负担过重、教学方式过于传统等老大难问题并没有得到根本性解决。教育改革是一项长期的艰巨的任务,不可能一蹴而就,需要不断探索。

也正是基于对这种现实的考虑,2011年,为提升普通高中教育教学质量,进一步推进课程改革,促进学校特色建设、优质发展,江苏省教育厅启动了高中质量提升和特色建设工程暨普通高中课程基地建设项目,探索以课程基地建设推动育人模式转型,进而推进普通高中特色发展、优质发展。

二、课程基地促进育人模式转型的重要策略

实践中,很多改革之所以虎头蛇尾,没有起到应有的效果,最重要的一个原因是推进的策略不够科学,推进的力度不够强大,从而导致改革"雷声大雨点小",并最终不了了之。江苏省以普通高中课程基地建设促进育人模式转型的区域实践,从省级层面来看,其推进策略主要有以下几个方面。

1. 省级统筹,行政驱动

以普通高中课程基地建设促进育人模式转型,是一项省级工程。自2011年启动这项工程以来,江苏省一直很注重省级统筹,从全省着手,统筹协调,并充分利用行政力量,持续深入地推进工作。

加强顶层设计。顶层设计是这项省级工程的"方向图"和"路线图",从项目启动之初,江苏省教育厅就非常注重顶层设计工作,牢牢把好"第一道关口"。2010年2月至2011年6月期间,经全面调研、分析比较,江苏省教育厅、财政厅组织专家研制并发布了《关于启动普通高中课程基地建设的通知》,明确了课程基地建设的内涵要义、目标任务、建设内容、立项程序、绩效

管理等,通过顶层设计确保课程基地建设能科学有效地推进,从而整体提升高中办学品质。2012年2月,江苏省教育厅又专门成立了普通高中课程基地建设指导委员会,对课程基地建设从地位、性质、目的、任务等方面进行总体规划,加强顶层设计。

加强规划引领。任何一项改革,在推进过程中,加强整体规划,明确各级部门的权力和责任都非常重要。针对所承担的责任不同,江苏省教育厅明确了不同层级的教育主体在此次改革中应承担的任务。在市县层面,要求相应的教育部门在出台相关政策之前,深入学校进行调研,从全局上厘清工作思路,统筹布局,确定重点项目,抓好在全省发挥示范引领作用的课程基地建设。在学校层面,要求围绕如何具体开展课程基地建设,结合校情制订计划,组织全体教师以及专家做好论证和研讨,明确学校课程基地建设目标、建设路径和建设内容等。

加强统筹协调。作为一项省域工程,以课程基地建设促进育人模式转型涉及不同区县、不同学校,不能一刀切,不能齐步走。针对江苏省普通高中数量多、规模大,苏南、苏中、苏北以及城市和乡村之间的差异,江苏省教育厅从省级层面,加强对工作的领导、协调和指导,明确省辖市级教育行政部门在课程基地建设过程中的责任,坚持候选项目以各市推荐为基础,努力实现苏南、苏中和苏北课程基地建设协调发展,力争包括农村学校在内的普通高中在课程基地建设过程中拥有一席之地,从而实现均衡布局,促进共同发展。

加强政策指导。为了加强对课程基地建设的政策指导,江苏省教育厅先后下发多个文件,规范和促进课程基地建设。如关于启动普通高中课程基地建设的通知、关于做好普通高中课程基地申报工作的通知、关于成立江苏省普通高中课程基地建设专家指导委员会的通知、关于开展全省普通高中课程基地检查视导工作的通知和对普通高中课程基地建设视导情况的通报等。

要在省级层面推广一项自上而下的教学改革,政府在其中的重要作用不言而喻。以课程基地建设促进育人模式转型,是政府启动、政府投资、政府鼓励的一项重大工程,由上而下的强力引导非常必要。江苏省课程基地建设由点到面地推进铺展,从建设之初"摸着石头过河"创建特色,到一定阶段之后的课程基地高峰建设"再突破",省级统筹、行政驱动的作用功不可没。

2. 建立完善的保障体系

完善保障体系是提升课程基地建设质量的必要条件,在推进课程基地建设的过程中,江苏省教育厅非常注重保障体系的建设。

一是行政方面的保障。课程基地创建工作启动以来,江苏省教育部门先后下发了十多个指导性文件,从地位、性质、目的、任务等方面进行总体规划设计,从理论、实施、评价各个环节进行研究、改进和反馈,并相继成立普通高中课程基地建设指导委员会、基础教育课程基地建设指导中心,抽调行政、教科研与实践领域的专家组成视导组,对建设项目进行评审,自上而下进行目标方向引领和整体推动。

二是财政方面的保障。为解决课程基地建设的资金问题,江苏省提出了省、市、校1∶2∶3的资金支持方案。即每一个通过审核的课程基地获得省财政100万元资金支持,同时地方配套200万元,学校自筹300万元。江苏省教育厅还要求各市可比照省里做法,建设一批市、县级课程基地,在省级财政资金的支持和激励下,发挥地方和学校进行课程基地建设投入的主体作用。

三是制度方面的保障。从项目启动之初,江苏省教育厅就建立健全各项制度,如课程基地申报制度、课程基地联系人制度等,同时要求各级教育行政部门建立管理规范,健全教学保障制度,提高课程基地建设水平。各项制度为课程基地建设质量的提升提供了持久动力。

3. 强化科研的引领作用

课程基地是高中课程改革的新生事物,缺乏可借鉴的经验和模式。为此,江苏省采取研究先行的推进策略,成立专家指导委员会,对课程基地建设的基本问题进行研究,并在此基础上进行指导和培训。围绕课程基地建设,形成了一大批省、市、县、校不同层次的教育科学研究项目。

2015年,江苏省教育厅推出以基础教育前瞻性教学改革实验项目为主的教改行动计划。2016年推出前瞻性教改重大项目——"育人模式转型：江苏普通高中课程基地建设"，该项目被列为全省首批三个前瞻性重大项目之一，同时获得省委组织部"333"二层次中青年领军人才资助。2016年，江苏省教育厅成立基础教育课程基地建设指导中心，建设指导中心设在省教科院基础教育研究所，所长作为负责人全面指导项目建设。该指导中心自成立以来，先后吸纳了近百位全国教育或其他学科专家跟进指导，开展各种课程基地建设经验交流研讨活动。课程基地建设项目立项后，指导中心边推进项目边同步研究，从理论到实施各个环节进行滚动式跟进、反馈和提升。

4. 搭建平台，分享交流

在课程基地建设推进过程中，为了避免学校"单打独斗"，基地学校之间加强交流合作，深入推进学科建设、教学研究和规范管理，为全省基础教育教学改革积累经验，提供示范。2016年5月，江苏省教育厅按照学科相近的原则，组建普通高中课程基地建设共同体，设立语文、数学、外语、人文、自然科学、技术、生命与健康、艺术、文化等9个普通高中课程基地学科联盟。确定了每个联盟即相近领域的项目牵头校20所，每个联盟设立两至三个主要负责学校，管理联盟内学校项目建设，每年划拨给每个牵头校20万元作为牵头推进经费，带动联盟成员学校共同研究形成转型示范模式及教学转型典型案例，发挥牵头示范辐射作用，协助指导中心组织各类联盟内课程基地建设学校开展主题研讨活动，推进课程教学改革。

5. 项目引领，全程管理

2011年11月，为加强对课程基地建设项目的过程性指导，提高项目建设的质量，江苏省教育厅建立了课程基地联系人制度，确定江苏省高中相关学科教研员为各课程基地的联系人，负责课程基地建设的相关工作，如组织专家指导、协调管理和反馈信息等。

从启动高中课程基地建设之初，江苏省教育厅便积极探索有效的推进策略，不断加强项目建设过程性管理，建立了从项目申报到实施的全程管理制

度。每年对上年度课程基地建设情况开展检查督导,对项目建设质量达到优秀等级的学校给予适当奖励。申报的相关要求如下:

(1)申报资格:三星级以上普通高中。学校努力推进教学改革,积极实施素质教育;学校原则上至少有一名特级教师或教授级中学高级教师,有由学科带头人和骨干教师组成的结构合理的教师团队;学校严格遵守"五严"规定。凡被江苏省教育厅通报批评的学校,自通报之日起两年内不得申报。

(2)申报程序:学校围绕如何依托课程基地建设破解教学难点,组织教师认真研讨,提出建设性意见,并制订课程基地的建设方案。由市、县(区)有关部门统筹规划,组织调研,明确年度建设学校,并按照下达的课程基地建设推荐名额,遴选后报江苏省教育厅。

(3)项目评审:江苏省教育厅组织专家对上报项目的材料进行评审,并组织通过材料评审的学校进行现场答辩,综合确定当年省级课程基地建设项目。评审指标包括申报条件、创意水平、建设内容、预期效能、保障水平五个方面。评审会上,每位专家根据评审标准对申报材料逐一审阅,独立评判,最终根据材料评审专家组的汇总意见确定进入答辩环节的学校和项目。材料评审通过后,通过抽签的方式确定答辩顺序,答辩评委由教育与财政领域的领导与专家组成。最终根据答辩评委的评分,确定当年启动建设的普通高中课程基地项目并发文公布。

这种明确、严格、规范的申报管理程序,发挥了很好的指导作用,确保了项目从申报到评审再到立项的有序性和规范性。

6.典型示范,共同发展

江苏省普通高中课程基地建设工作,并非一步到位全面铺开,而是由点到面,逐步推进。在这个循序渐进的过程中,让一部分学校先发展起来,然后带动其他学校实现共同发展。

为进一步推动课程基地建设,促进相互交流和学习,2013年,江苏省教育科学研究院在淮安召开了"江苏省普通高中课程基地建设课题研究暨现场交流会"。会上,部分阶段性建设成效显著的学校介绍了经验,与会代表实地参观了江苏省淮阴中学航空航天特色课程基地和盐城市第一中学低碳教育课程基地。2014年4月,江苏省教育厅办公室对首批38个课程基地建设项目检查情况进行通报,其中10个建设项目阶段性建设状况达到"优秀"等级。2015年上半年,江苏省教育厅组织专家对2013年建设的课程基地项目进行了检查。结果显示,项目建设总体上取得了预期成效,并评出了16个阶段性建设成效为"优秀"等级的项目,并鼓励这些优秀项目形成基本经验,向本地区其他学校辐射,形成基层学校相互支持、共同发展的格局。

7. 强化培训,提高质量

在推进课程基地建设的过程中,充分利用高中校长学习会、专题培训等机会,组织多层次交流、研讨,更新课程基地建设理念,使课程基地建设的实践性增强,引导师生教与学行为方式的转变。

2012年3月25日至26日,首期"江苏省普通高中课程基地建设项目专题培训班"在南京开班,本次培训班由江苏教育报刊社主办、江苏现代教育培训中心承办,得到了各市教育行政部门、教研部门和有关学校的高度重视和积极响应,参与学校170多所,学员逾200人。

2013年11月2日至3日,由江苏现代教育培训中心承办的"江苏省普通高中课程基地检查视导专题培训会"在江苏省委党校报告厅举行,来自江苏省各课程基地学校的校长和相关负责人共250余人参加了培训。

这种规范化持续性的培训,让校长和普通教师充分理解了课程基地的概念、定位和特征等"本体性"的问题,也充分学习了课程基地建设的"技术性"的策略、方法等。同时,在培训的过程中,学员之间的分享和交流,又促进了信息流通,在某种程度上实现了给校长和普通教师"答疑解惑"的目的。因此,对很多参与培训的校长和普通教师而言,培训不仅仅是一次学习知识的机会,也是一次开阔视野,与同行"互通有无"的机会。培训在推进课程基地建设,提升建设质量方面发挥了很好的促进作用。

三、课程基地促进育人模式转型的技术路径

如前所述,作为一个抽象的学术概念,育人模式在现实中并不存在对应的"实体",因此,我们没有办法直接从整体上促进育人模式转型,只能首先把育人模式"具象化",让它在实践中"看得见",然后才可以优化它,改变它。

育人模式是教育理论和教育实践之间的一座桥梁,其基本要素包含课程体系、教学方法与手段、学习方式等。课程基地促进育人模式转型,在某种程度上是通过改变育人模式的构成要素而实现的。考察江苏省诸多普通高中的具体案例,我们发现课程基地促进育人模式转型的技术路径主要包含以下几个方面。

1. 丰富课程资源

课程资源是课程建设的基础,其本身也是重要的育人载体,是育人模式的关键要素之一。通过课程基地建设,江苏省很多学校结合自身的实际情况,丰富课程资源,转变育人模式。

江苏省新海高级中学的生命化语文课程基地,围绕课程资源开发,做了以下几个方面的工作。一是梳理校史传统资源。在八十五周年校庆之际,学校请语文特级教师伏庆德进一步提炼和丰富校史资料。二是开发地域文化资源。张勇编著了《连云港地域文化语文读本》,选文六十余篇,皆涉连云港古今,让学生通过学习该教材,深度了解自己所在地域的前世今生。三是改善校园环境资源。学校建设了"五道五园",为生命化语文课程教学提供了丰富的物质保证,让学生在校"有读书自得之所,有唐诗审美之所,有宋词吟哦之所,有文学创作之所,有探究表达之所"。四是开发网络媒体资源。建设"省生命化语文课程基地网站",其中的栏目有新闻动态、基地项目介绍、基地理论研究、基地成果展示、基地建设大事记、基地生命美影集锦等,各栏目内容丰富,图文并茂。同时还链接了生命化语文博客、中国诗歌网、中华语文网、国学网等,为学生提供丰富的语文学习资源。

2011年,江苏省天一中学成功申报了江苏省"STS综合创新课程基地",成

为省首批课程基地。学校充分进行课程基地建设,将课程资源社会化,通过"三高合作"的方式,整合各类社会资源,合理开发校本优质教育资源。一是"高中—高中"合作。如加入资源共建共享联盟,创建专项工作学校联盟,与海外高中合作开展项目研究。二是"高中—高校"合作。如与高校(包括科研院所)共建"创新实验室",开发学校"三类丰富课程",让中学教师"再回大学",创立"名人课堂",开设中国大学先修课程。三是"高中—高新企业"合作。如建设校外考察与实践基地,建设智慧教室。

江苏省泰州中学"数学学习体验中心"课程基地,围绕课程资源开发,建设了三个数学资源库。一是数学文化资源库。师生合作开发了数学文化资源库,包括"数学之史""数学之美""数学之趣""数学之用"四个部分。二是网络平台配套资源库。网络平台资源包括博览室、趣味室、探究室、实验室、校本课程、学生作品、资源中心、测评中心、答疑论坛等,为师生提供展示的平台,师生可上传相关的资料和作品。三是数学探究资源库。与上海大学合作开发了系列数学探究软件,包括"植物的数学""高尔顿实验"等。

2.改变学习方式

学习方式,又称学习风格,这一术语最早由美国学者赫伯特·西伦于1954年提出,通常可以理解为学生完成学习任务最基本的行为和认知取向,是学生连续一贯表现出来的学习方法和学习倾向的总和。在当前的高中教育中,学生的学习方式基本以接受式学习为主。课程基地建设的关键目的之一,就是改变学生的学习方式,让学生从单一的学习方式中摆脱出来,开阔视野,在实践操作、体验和探究中重新认识世界,审视自己,从而实现更好成长。

南京市第一中学崇文楼顶楼,有一个球形建筑格外显眼,这是该校地理综合实践课程基地的一个重要场所——天象厅。以往学生都是通过教科书上的图片记忆各种天体,现在可以在此直观地感受天体运动轨迹。

自课程基地建设项目启动以后,在江苏省泰州中学,以往枯燥的数学课变得越来越生动有趣。学校数学课程基地已建成包括建模、趣味探索、智力大冲关等在内的多个体验室,学生在基地内可以进行项目式研究,也可以进行团体对抗性游戏。例如,"数学学习体验中心"课程基地的建设目标是使抽象的数学学科实现经验化的还原,重点是为学生建设四个数学体验室、三个数学资源库,使学生的数学学习建立在丰富、感性体验的基础之上。四个数学体验室分别是:(1)数学博览室。通过纸质图书、电子图书、视频影像等形式呈现数学发展史、数学分类体系、数学文化、数学经典题难题、数学应用等,让师生感受到数学之美、数学之高雅、数学之严谨,并设置电子有奖互动问答与打印系统。(2)趣味数学体验室。收集数学故事、数学游戏、数学谜语、数学对联,用几何图形拼出精美图案等,发掘游戏以及生产和生活中的数学原理,让学生在玩中学、学中悟,切实感受数学的趣味和博大精深。(3)数学实验室。配置电脑、图形计算器、数学模型等,让学生有机会观察、发现、探索与验证,通过实验的方法提高动手能力,让学生在学习数学的过程中认知抽象的推理到生动、直观的运用的变化。(4)数学探究室。通过探究数学问题,让学生学习如何提出问题、探究问题,如何拓展思维等。

新沂市一中的"生态环保课程基地"建立了生态环保展览室、校外生态环保实践基地、太阳能浴室、防震减灾科普馆、校园气象站、环境监测及污水处理体验室、清洁能源开发利用体验室、生态环保住宅体验室、环保化学体验室、物化生探究实验室、生态环保数码显微室等教学实验室,这些"体验室"和"实验室"为学生走进真实的教学情境中,进行体验学习和动手实践提供了保障。

3.改变教学环境

一般而言,教学四要素可以理解为教师、学生、教材和环境。在传统的教学中,环境往往被忽略,环境育人的功能没有得到充分发挥。课程基地建设最重要的一个转变就是为教学创建全新的物质环境,真正发挥环境的育人功效。在课程教学环境建设方面,江苏省各课程基地根据自己的基本情况,纷纷扩充资源,彰显特色。

比如江苏省锡山高级中学的"语文课程基地",为了改变传统的教学环境,建设了学生实验剧场、演讲厅、辩论厅各一个。每一个场馆的设计和配置,都充分考虑其实用性,真正做到场馆为教学而造,场馆为学生而设。为了方便学生读书,同时也为了营造班级整体的读书氛围,让学生接受文化的熏陶,学校对70个教室进行了改造,将原来为"走班制教学"而建的"小教室",全部改建为班级图书室,并为每个班级配置了500本左右的图书。根据书市信息和学生的需求,学校每学年对班级图书更新一次,从而实现了把图书馆"搬进"教室的目标。学校在一楼设浅阅读区,学生随时可以拿起书刊阅读。学校还创办"匡园书屋",新增"咖吧"休闲阅读室,常规借阅室、国学馆、西学馆、典藏馆里随处可见高品位的图书。这些措施大大丰富了语文教学环境,使得学生浸润在浓厚的学科文化氛围中,时刻感受到阅读的魅力和文化的熏陶。

无锡市市北高级中学依托学校的"减灾教育"课程基地,提倡现场学习,让"减灾教育"在真实环境中进行。学校建立了地质灾害探究厅、气象灾害探究厅、环境灾害探究厅、海洋灾害探究厅等主题探究厅,将这些探究厅作为活动场馆,开展了一系列主题灾害探究活动,让学生体验、探究、实践,使学生主动融入环境、感受环境。在不断更新校内教学环境的同时,市北高级中学还开拓校外资源,和市地质馆、污水处理厂、垃圾焚烧厂等建立联系,成立相关的实践基地,让课堂教学不再仅仅局限于教室。

南京市雨花台中学以"雨花石文化"为特色,开发出一系列雨花石文化课程,如"雨花石与历史文化""雨花石与文学艺术""雨花石与地质科学"等,同时建设了"南京科技馆雨花石形成模拟基地""横梁山雨花石采集实践基地""雨花台风景区雨花石体验基地"等三个实践基地。

大数据时代,信息与知识的大爆炸、信息终端的普及、信息传播的快速化,给学生提供了更多获取知识的渠道,教师早已失去了传统的"知识权威"的身份,不再是学生获取知识的唯一来源。在某些方面,学生的知识面比教师还要广。因此,教育管理部门、学校应积极适应这一时代发展趋势,为学生学习提供充足的环境,为教师成为"学习的促进者"、学生成为"学习的主导者"提供条件。

4.改变教学方式

自21世纪初的新课程改革实施以来,有关教学方式变革的探索与努力从未停止,但变革的效果却不尽如人意。教师一言堂的局面无法真正改变。课程基地建设在规划之初,提出的核心理念就是让环境改变师生,用课程基地促使教师教学和学生学习方式转型。经过多年的实践检验,这一基地建设理念得到了很好的落实,教师在课程基地建设中形成了对教学方式变革的理性认知,也带来了期待已久的教学方式改变。

环境影响教师的教学方式、决定课堂教学类型。以江苏省锡山高级中学的语文课程基地为例,这个课程基地教学环境设计有一个非常突出的特点,即突出语文课堂教学中的体验性,因此,相较于其他课程,语文课程中的现代诗歌诵读课、辩论课、经典话剧体验课和演讲课等一批比较强调学生体验性的课程,都更受师生欢迎。

在江苏省锡山高级中学,传统的上课方式已经无法在新环境里应用,比如演讲课,教师在原来的教室中上课,就可以把演讲文本上成文本分析课,现在不同了,在课程基地演讲厅上课,有灯光、演讲台和话筒,教师必须重新考虑如何上演讲课。此类强调参与、强调体验的上课类型,促使师生的教与学共同发生变化。

四、课程基地促进育人模式转型的样本意义

以课程基地建设促进育人模式转型是基础教育领域具有创新意义的高中育人模式改革实践。经过不懈探索,江苏省普通高中的区域样貌不断改善,特色愈加鲜明。课程基地建设,不仅丰富了课程资源,改变了教学环境,改变了学生的学习方式和教师的教学方式,还从整体上改变了学校的办学样态,促进了普通高中育人模式的转型。这一切,对我国普通高中育人模式变革,无疑具有先行意义和示范作用。

1. 为育人模式转型找到突破口

以课程基地建设促进育人模式转型,为育人模式转型找到了一个很好的突破口和关键点。在育人模式的诸多要素中,课程无疑是一个非常重要的载体,是联系教师和学生之间的纽带。江苏省通过课程基地建设,深化课程改革,进而促进育人模式转型,可谓抓住了育人模式转型的"牛鼻子"。另外,江苏省课程基地建设,不仅是促进育人模式转型的抓手和突破口,同时,育人模式转型这一价值引领,也是江苏省课程基地建设的灵魂和宗旨所在。随着社会的迅速发展和变化,学校教育面临的问题与挑战越来越多,如新型学科、综合学科不断出现,学生获取知识的渠道越来越广泛,健全人格培养的任务越来越艰巨,教师的传统地位面临着越来越大的挑战。正是基于对这些变化的深刻思考与把握,江苏省在课程基地建设之初,就高高举起探索和建构以发展学生核心素养为目标的育人大旗,将课程基地建设与发展学生核心素养紧密结合,让育人价值始终成为课程基地建设的重要方面。因而,课程基地建设也找到了自己的精神旨归,以不变应万变,彰显了课程基地建设的改革与创新意义。实践证明,任何一项教育改革,都不能偏离或回避育人这一根本宗旨。

以课程基地建设促进育人模式转型,在普通高中教育改革中创建了一个具有前瞻意义的实践策略与技术路径。通过课程基地建设推动课程改革,把课程改革落实到每一所学校、每一个教师,调动师生全面参与,促进育人模式转型,这是一场真正上下联动的创新举措。中国基础教育的最大问题,在于对书本知识过度关注,对记忆、练习为主要手段的接受式学习过度依赖,对体验、活动式学习相对漠视,从而造成学生有知识少体验、会做题不会解决问题的局面。我国的高中生,很少有发现知识、探究知识的机会,更缺乏做事情、解决问题的能力。江苏省课程基地建设,从教育的最薄弱处入手,通过学科教学环境的创设和育人载体的建设,将"育什么样的人""如何育人"的核心问题转化为具体措施,促进学生在自主、合作、探究中提高学习能力、实践能力、创新能力,发掘潜能特长,满足学生个性化的成长需要。这既是针对当前教育改革目标的一种思路,也是解决当前教育问题和应对未来挑战的一个前瞻性实践策略与技术路径,较好地回应了国家、社会、民众对教育的要求。

2. 形成了以课程文化为核心的改革理念与转型模式

以课程基地建设促进育人模式转型,在实践中创新形成以课程文化为核心的改革理念与转型模式,为解决普通高中育人模式变革中的重大问题提供了一种思路、一种方法。江苏省普通高中课程基地建设的目的不在基地本身,而在通过基地建设改变学校整体的课程特质,促进课程改革的整体深化,利用课程改革实现教师的变化、学习的变革、学校的变革。课程基地建设过程中,校长的课程领导力、教师的课程开发能力大幅度提升。

江苏省普通高中课程基地建设是一项自上而下的改革,也是一场学校师生群策群力的改革。课程基地建设由行政力量驱动,但最终的工作还是教师在做,在课程基地建设中,受益最大的便是教师群体。如江苏省泰州中学有3个课程基地,在建设过程中,教师的课程意识觉醒,教育理念更新,还增强了课程开发与实施能力,转变了自身的教育教学行为。如语文组的"一化六教"生活化语文教学范式,数学组的"动车组"教学范式等教学效果良好。近年来从基地走出一批特级教师、名师。

南京市第十三中学是江苏省语文课程基地之一,在语文特级教师曹勇军的引领下,学校先后设计开发了"玄武湖月光诗会""校园戏剧节""古诗词吟诵节""经典夜读小组"等特色鲜明的校本课程。这些课程突破了课堂教学狭小的空间,将多样的课程元素组合配置,展示了课程的魅力和生命力,深受学生喜爱。在这些课程开发的过程中,学校教师增长了知识,开阔了视野,提升了自己的课程设计能力。

在建设过程中,很多学校的课程基地与学校整体特色、文化个性相关联,成为学校文化的特色表现,成为弘扬传统文化、展现乡土文化的高地,如南京市雨花台中学的雨花石文化、徐州高级中学的汉画石像人文教育、江苏省盐城中学的海盐文化、江苏省宜兴中学的紫砂文化、常州市第二中学的府学文化……随着改革的不断推进,课程基地成为更具开放性的课堂,学生作为学习主体的地位更加凸显,课程基地促进学校文化创新的内在价值得到更好体现。

3.创新了促进育人模式转型的推进策略

以课程基地建设促进育人模式转型,创新了促进育人模式转型的策略。课程基地建设是江苏省教育的一项省级工程,课程基地建设之初,就开启了整体协同的创新机制,在"顶层设计—系统规划—具体实施—检查反馈—持续改进—理论升华"的推进思路的引导下,充分调动科研教研、师资培训、信息装备、媒体宣传等各力量,通过建立专业化的课程基地建设指导委员会、课程基地建设指导中心、课程基地联盟等,加强对项目的分类指导和个别指导,组织专题培训、现场观摩和专项调研检查,及时总结推广优秀成果。一批市、县级课程基地,作为省级课程基地的后续力量不断发展。与此同时,课程基地开创了项目驱动新思路,运用新思维促进理论与实践融合发展,打造了一大批普通高中育人模式转型的鲜活案例,构建了普通高中课程基地建设的理论模型与实践模式,形成了一系列具有指导价值的理念,推动了高中多样化、优质化、特色化发展。普通高中课程基地促进育人模式转型给学校留下了巨大的创造空间。课程基地在江苏省遍地开花,为高中教育创建了全新的课程资源与环境。

毫无疑问,江苏省普通高中课程基地建设促进育人模式转型的丰富实践,为我国基础教育课程改革和普通高中育人模式转型提供了生动的"江苏样本"。

第九章

普通高中育人模式变革的学校样本
——北京市育英学校

新高考背景下,北京市育英学校坚持以习近平新时代中国特色社会主义思想为指导,全面贯彻全国教育大会精神与党的教育方针,落实立德树人根本任务,继承学校红色基因,立足学校办学文化和理念,遵循高中学生成长规律,基于学科发展成果和学校文化、课程、师资、生源等优势,开拓、创新育人方式,培养行为规范、热爱学习、阳光大气、关心社稷、勇于担当的社会主义现代化建设者和接班人,为国内外一流大学输送优秀学生,为国家发展和首都"四个中心"建设培养人才。为推动育人模式变革,学校以课程为切入口,构建符合新时代要求、体现育英特色的学校课程体系。

一、学校课程改革背景

坚持中国特色社会主义教育发展道路,培养德智体美劳全面发展的社会主义建设者和接班人,是新时代教育的重要使命。国家深入推进高考综合改革,创设条件满足学生个性化学习需求,加强专业人才队伍建设,为实现强国梦奠定坚实基础。进入新时代以来,国家启动了高考综合改革和普通高中课程改革,高中教育政策体系不断完善,为学校实施育人模式改革奠定了政策基础。2017年,教育部印发《普通高中课程方案和语文等学科课程标准(2017年版)》,并在2020年进行了修订,为学校进行课程体系重构提供了重要支撑。2019年,《指导意见》提出,到2022年,普通高中新课程新教材全面实施,适应学生全面而有个性发展的教育教学改革深入推进,选课走班教学管理机制基本完善,科学的教育评价和考试招生制度基本建立,师资和办学条件得到有效保障,普通高中多样化有特色发展的格局基本形成。2020年,中共北京市委教育工作领导小组印发《北京市关于深化育人方式改革推进普通高中多样化特色发展的意见》,其中提出支持建立一批完全中学、一贯制学校、集团化学校、城乡一体化学校,以打通初高中学段限制,探索一体化育人新模式。坚持一校一案,分类引导学校立足自身传统,基于历史积淀,借助自身文化与办学优势,有效利用各类资源,找准发展定位,培育一批多样化、特色化发展的优质学校。

北京市育英学校基于国家教育政策总体要求,紧紧围绕"培养什么人、怎样培养人、为谁培养人"这一根本问题,把学生综合素质培养作为教育的出发点和落脚点,以学校深厚的红色历史传统和文化为根基,以教育规律和国家需要为重要遵循进行探索实践。北京市育英学校前身为中共中央直属机关供给部育英学校,1948年始建于河北省平山县西柏坡,1949年随中央机关进京。学校现位于北京市海淀区万寿路西街,是一所集高中、初中、小学为一体的全日制公办学校。"好好学习 天天向上"是毛泽东1952年为学校题的词。周恩来、刘少奇、朱德等国家领导人先后为学校题词,嘉勉师生。学校在继承和发扬自身红色光荣传统的基础上,努力践行"在最美的校园,做中国最有价值的教育"的办学思想,把办成"学生向往、教师幸福、社会满意的中国名校"作为办学目标,着力培养学生成为"行为规范、热爱学习、阳光大气、关心社稷、勇于担当的国家栋梁"。

北京市育英学校作为"九年一贯、十二年一体"制学校,从人的整体发展角度设计学校的各项工作,完整落实基础教育育人目标。近年来,北京市育英学校从立体育人、全员育人、培育全人的角度,在硬件和软件建设上下大力气,从育人方向、育人阵地、育人载体等不同角度进行了多方位布局,创建适宜每位师生、聚焦未来素养、盘活学习时空的优质育人生态。学校始终重视课程建设，以课程体系重构推动学校育人模式整体变革。学校以全国教育科学规划、国家社会科学基金"小、初、高一体化课程建设与育人模式变革研究"课题为突破口，以"点面结合、稳步推进、逐次逼近"为课程建设原则，构建了以"基础课程、修身课程、发展力课程为三大支柱，以满足全校各年级学生综合发展为宗旨"的"育·英"课程体系，并通过自上而下和自下而上的良性互动路径，统领各学科各学段的课程建设，为学生发展提供良好条件。

二、育英课程体系建构与实施

学校文化是课程体系建构与实施的土壤，也是课程体系不断创新发展的智慧源泉。育英学校文化建设的基本定位是立足传承和弘扬红色文化和优秀传统文化，凸显其对学生的浸润和熏染，与时俱进地引导学生树立正确的世界观、人生观和价值观，达成学校培养目标，促进学生健康成长、不偏离正确方向。在学校文化的孕育下，学校凝练出"行为规范、热爱学习、阳光大气、关心社稷、勇于担当的国家栋梁"的育人目标。为实现这一目标，学校在课程结构、课程内容、课程评价等方面进行整合和创新，优化育英课程体系，尊重学生的多样化发展，注重发现、发挥学生潜能。充分利用学校资源，根据学生个人兴趣、创造能力，构建多元、立体的多样化课程，促进学生与真实社会进行良性接触，实现每个学生的成长，体现育英学校的教育品质。

1.重构学校高中课程体系，凸显多元育人功能

在"育·英"课程体系下，基于基础课程、修身课程和发展力课程的建设，在进一步提升课程育人效力，保证学生德智体美劳全面发展的目标引领下，对原有课程进行重构，从而形成科学、有特色的高中段课程体系，满足学生多样化发展需要。

(1)课程设计原则

可持续发展原则。课程建设应与学校培养目标一致,要坚持可持续发展原则,注重基础知识、关键能力和核心价值观教育,为全体学生终身学习和可持续发展奠定坚实基础。

多元化选择原则。课程建设应立足学生成长需求,符合学生认知规律,要坚持多元化和选择性原则,关注不同类型学生的发展需要,建立多层次、多种类、立体化的课程体系和自主选择课程制度,为学生的个性化学习创造条件。

自主创新性原则。校本课程的开发,一是要以学校和教师为主体,应符合学校一体化发展需求,在现有教学设备和教学资源的基础上,实现创新型教育;二是要促进教师创造性地开发课程,激发学生的创新意识,培养学生的创新精神,发展学生的创新能力。

(2)分年级细化课程目标

四年制高中之一年级课程目标:对自然界充满好奇,产生较为强烈的探索兴趣,学习基础知识,养成良好的思维习惯,能尝试运用科学的方法解决一些实际问题,经历较为简单的科学探究过程,培养初阶探究能力。具有创新意识,能独立思考,勇于怀疑,养成尊重事实、大胆想象的科学态度和科学精神。关注社会发展动态,树立正确的科学观、价值观,形成科学服务于人类的使命感和责任感。

四年制高中之二年级课程目标:具有强烈的好奇心、积极的学习态度和浓厚的学习兴趣,能够自主学习,独立思考,形成良好的学习习惯和适合自身的学习方法;具有初步识别和筛选信息、提出问题的能力;具有基于现实情境,初步设计研究方案并付诸实践的能力;具有实事求是的科学态度和精诚协作的团队精神。

四年制高中之三年级课程目标:具有主动获取、选择判断、组合加工信息的能力;具备信息化时代的学习与自主发展能力;具有运用已有知识提出新问题、进行研究的能力;敢于承担责任,勇于克服困难;具有奉献精神,热心公益与志愿服务;具有生态文明意识,尊重自然,爱护环境。

四年制高中之四年级课程目标:掌握适应时代发展需求的基础知识和基

本技能，丰富人文积淀，发展理性思维，不断提升人文素养和科学素养；具有用思辨的眼光观察事物、提出问题的能力；具有从多角度综合探索、分析和解决问题的能力；敢于质疑、勇于创新；学会交流与合作，具有团队精神和一定的组织能力，具备全球化时代所需的交往能力；尊重和理解文化多样性，具有开放意识和国际视野。

(3)重构课程结构

以新课标、新高考、"强基计划"等有关要求为指导，为突破初、高中衔接难点，在尊重学生身心发展规律与教育教学基本规律的基础上，构建促进学生健康发展的多样化、综合性四年制高中一体化课程体系。高中学部根据选课走班的实际情况，在自己学部独立管理的背景下，基于全校"育·英"课程体系(图9-1)，将高中课程重新架构为"五色"课程(图9-2)。根据新课标、新高考要求，将其最终细化为四年制高中"五领域"课程体系(图9-3)。该课程体系旨在满足不同学生发展需求，实现"三个育人"，即全员育人——人人有事做，事事有人管，立体育人——学校是当下学生生活的地方，培育全人——德、智、体、美、劳全面发展，五育并举。

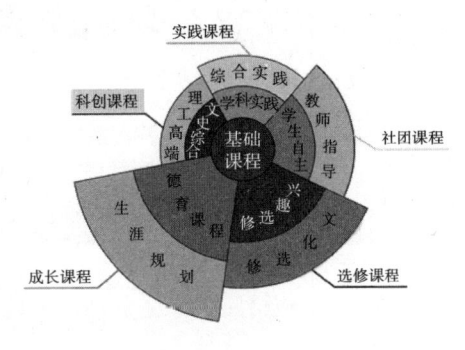

图9-1 北京市育英学校"育·英"课程体系　　图9-2 北京市育英学校高中"五色"课程

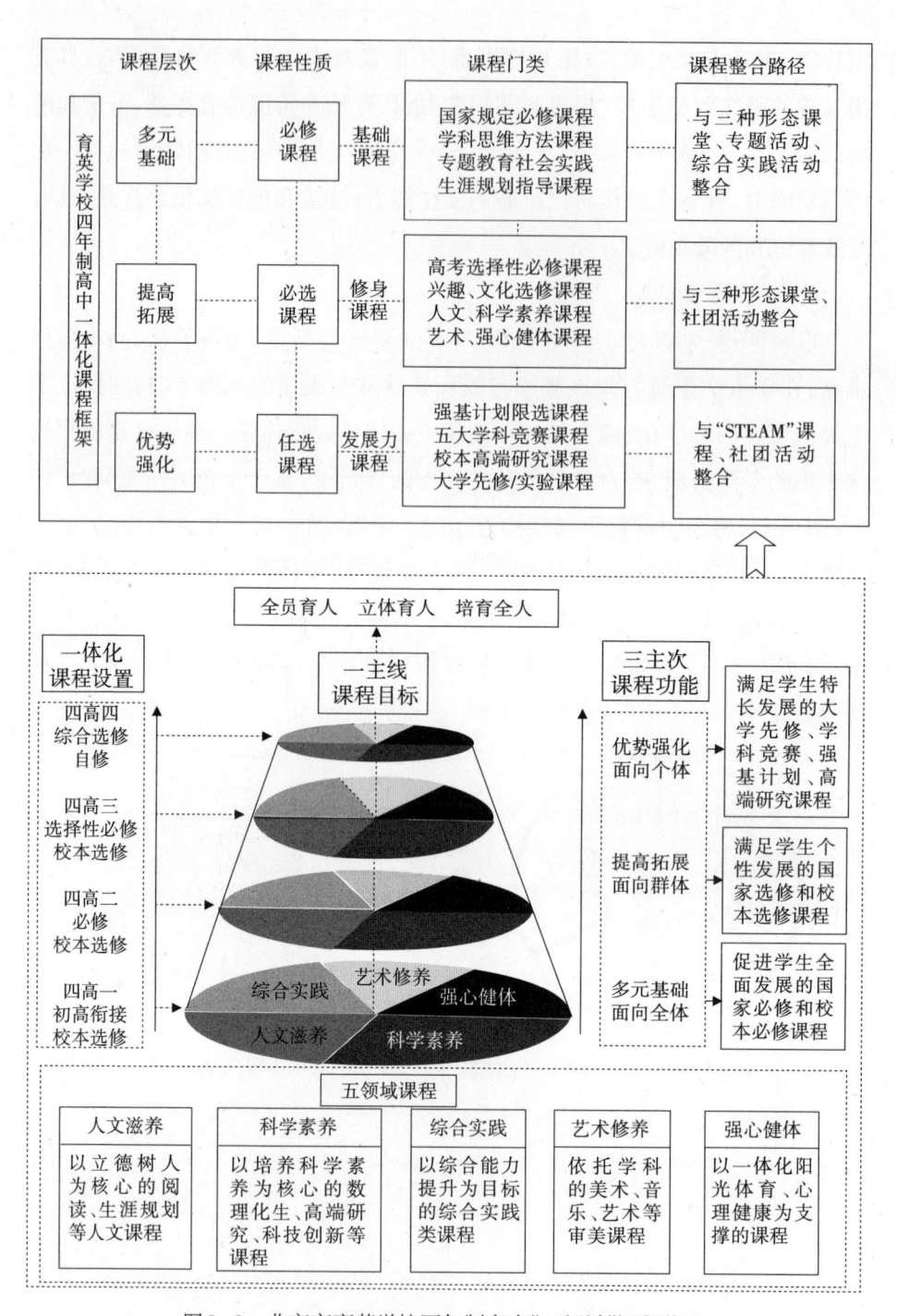

图9-3 北京市育英学校四年制高中"五领域"课程体系

建立的四年制高中课程体系,尊重学生个体发展,创建弹性学制,变革教与学的方式,建立多样化课程。以学校和学生发展实际为基础,充分发挥学校一贯制办学优势,合理调配初高中师资,共享优质特色教育资源,整合初高中课程内容,突破学制限制,减少学生在应试准备中耗费的时间,从"单纯育分"转向"全面育人",设计德、智、体、美、劳全面发展的课程体系,以培养学生的创新能力和实践能力。通过一体化衔接课程帮助学生自然延伸学习宽度,完成学习思维转变,从而践行学校的办学理念、培养目标以及教育品质。

2. 问道于生,打造特色高中学科课程

学科课程是学校课程的核心部分,在此以化学学科为例阐明北京市育英学校特色高中学科课程建设。学校高中化学课程设计的核心理念是"以学生为中心,问道于学生",具体而言围绕三个方面展开。首先,学生是课程设计的中心;其次,课程开发是师生相互作用的结果,教师需要思考"我能提供怎样的课程,学生需要怎样的课程";再次,课程的选择呈现开放状态,这表现为发展学生的主体性、创造性和赋予教师充分的自主权。由此,学校建立了以学生为中心的课程设计模式(图9-4),即从课程目标的设定,到教材的编写,到课程的组织与实施,再到课程的评价,均以学生为中心,问道于学生。

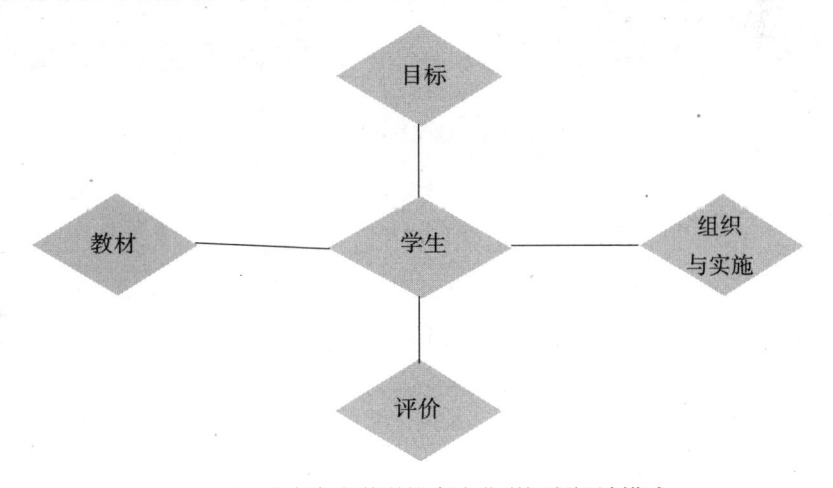

图9-4 北京市育英学校高中化学课程设计模式

学校结合育人目标"培养行为规范、热爱学习、阳光大气、关心社稷、勇于担当的国家栋梁",在"以学生为中心,问道于学生"理念的支持下,形成三级课程体系结构:一是指向国家课程校本化、强调双基落实的基础课程;二是指向学生动手、创造力培养的发展力课程;三是指向学生人格品性培养的修身课程。以此为基础,高中化学延伸出夯实双基的校本化国家课程、初高衔接课程、分层走班课程,助力学生特长发展的竞赛课程、科创课程、大学先修(高端学术)课程,凸显学科育人价值的文化选修课程、小学段课程、社团课程,这些构成学校育英特色高中化学课程的基本构架(图9-5)。其中以大学先修课程和小学段课程最为突出。

图9-5 北京市育英学校高中化学课程构架

(1)最多元的课程——大学先修课程

2013年,为了配合化学竞赛,学校建立了"大学先修"实验室。"大学先修"名副其实,在大学实验室中才有的紫外分光光度计、红外光谱仪、原子吸收光谱仪等,这里一应俱全。为了满足学生的多样化需求,学校把小学段课题带入大学先修实验室。几年来,梳理形成综合类、分析类、合成类、主题探究类等四类大学先修课程。

2017年,学校又尝试把科创元素带入大学先修实验室,开设了高端学术课程(图9-6)。同时,根据学生的不同年龄和能力,对应安排不同的课程选择入口,完善高中化学高端学术课程构架。2018年,学校把常规课程带入大学先修实验室,依托项目式学习的教学模式,借助高端设备,为常规教学提供更加丰富的资源。育英特色高中化学先修课程正是因为体系的完善化、初高衔接的一贯化以及高端课程的常态化,才实现了帮助更多学生走入大学先修实验室,爱上化学,发现非凡的自己的目标。

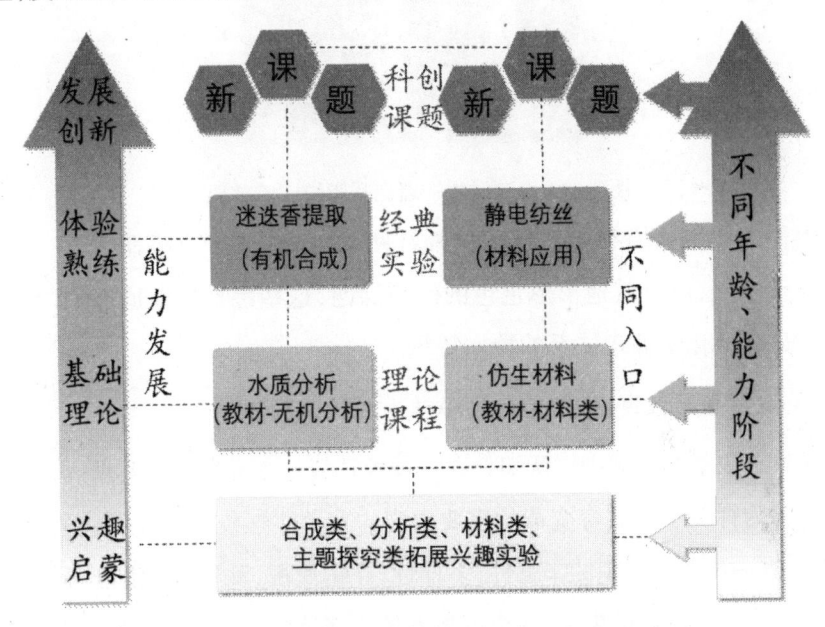

图9-6 北京市育英学校高中化学高端学术课程结构

(2)最地道的课程——小学段课程

对于育英学校每位高二学生来说,小学段课程一定是他们最期待、最难忘、最喜欢的课程之一。如,小学段化学课题"迷迭香驱蚊成分的测定与合成"就是一个典型的例子。住在学校的一些同学深受蚊子叮咬的困扰,于是,部分学生利用在初中植物社团中种植的迷迭香,再结合在高中学习的有机化学知识,探究迷迭香能够有效驱蚊的奥秘。从实验方案的制订,到利用所学知识对迷迭香进行提取、分离,再到成分测定,每一个环节无不彰显出学生的智慧。更令人意外的是,学生们不但完成了理论探究,还制作了成品(图9-7),送给老师们。

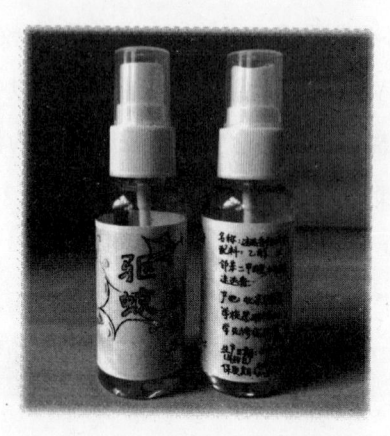

图9-7 高二学生的迷迭香驱蚊实验成果

类似的案例还有很多。从在植物社团中培育、种植迷迭香,到在昆虫研究室养殖蚊子,以及其他形形色色的研究课题,这些都是地地道道的"育英制造",凸显育英化学课程体系的校本特色。

3.依托生涯教育,构建特色高中学生成长课程体系

在教育改革的大潮中,"认知自我—理性选择—主动发展—实现成长"的生涯教育成为育英学校教育变革的重要内容。"在关注学校教育发挥社会化功能的同时,进一步尊重学生的丰富性、多样性,注重挖掘、发挥学生潜能,帮助每一位学生追寻属于自己的未来"是育英教育始终坚持的教育原则。育人方式的变革不能脱离学校的真实背景,学校的精神文化决定了育人方式的底蕴,而多元的课程建设更好地彰显了学校的教育品质。近年来,育英学校适应改革发展,立足高中学生长远发展需求,规划实施生涯教育,积极建构学校生涯课程,有力促进了学生的全面健康发展。在探索与完善育英生涯教育课程体系的过程中,开展形式多样的生涯教育活动,开创校内职业体验,帮助学生追寻未来。由此,学校体验了丰收的喜悦,在思想认识、教育理念和实践方法上都有了进一步收获,从而实现了为学生规划人生,帮学生认知职业、追寻未来的生涯教育目标,形成了具有育英特色的生涯教育改革创新实践成果。

(1)构建学科类社团体系,帮助学生开展校园职业生涯实践

社团课程是学生在校自主发展、进行生涯探索的实践基地。社团课程有利于激发学生兴趣,引导学生充分利用学校优质资源和平台,依据自身爱好参与社团活动。在创设与经营社团的过程中,学生可发挥自身潜能,与志同道合的同伴一起感受校园生活的美好,在校园中探索职业经历,实现自主发展,追寻未来的自己。

育英学校学生自主发展社团有180多个,以大学12个学科门类为框架,鼓励学生自主搭建学生社团体系,总体分为"经济类社团联盟、新闻媒体出版中心、兴趣类联盟"三类。例如,"印天下"复印社学生公司,是于2013年成立的校内第一家学生生涯实践公司,主营复印、海报设计印刷等业务,老师、同学不出校门就能享受到海报设计印刷等服务;"午后21°学生水吧",主营冷饮热饮、点心,是学生最喜爱的社团之一;"墨韵阁"校内新华书店,是一家"有情怀、有格调、有态度的书店";"育英style"学生公司,设计与销售校园纪念品、学校文创商品等。

以经济类社团联盟为例,学生经过学习大学先修校本经济学课程,利用学校提供的资源,创办学生公司,尝试将经济学理论、职业发展理论付诸实践,并带领学弟学妹开展系列实践活动。他们组织小学生以物易物,指导中学生参与义卖,通过掌握第一手资料和分析数据经营学生公司。这些社团活动提高了他们的财商并活跃了思维、开阔了视野、培养了职业技能等。

例如,"午后21°学生水吧",将20名学生分成五组,每组4人,轮流值班,体验真实的创业和企业运营管理。成员们说,学校给他们提供了一个真实的平台,为他们这种有共同兴趣的同学搭建了舞台。在这里,同学们获得最真实的工作体验,可以把学到的经验和技能迁移到学习生活中,迁移到未来职业中。这将帮助他们认真规划自己的学业甚至人生。

生涯教育、职业探索不仅存在于正式企业与事业单位,而且也应真实存在于校园生活中,更应该包含在学校教育中。校园生活是学生当下生活的重要组成部分,学校教育要成为积极促进学生生命成长的鲜活教育。学校需要

帮助学生在校园挖掘职业兴趣、发挥职业潜能、提升职业技巧，支持每一位有意愿的同学在社团活动中锻炼自己，发展职业能力。

(2)探索构建小学段课程，实现阶段化职业体验

小学段课程指高二年级第二学期期中考试后，利用一周时间开设的外出参观—考察—交流课程、游学课程、校内职业体验日课程、创新竞赛课程、拓展课程和援助课程等。

以职业体验日课程为例，在小学段课程中，3天为职业体验日。它的设置初衷是"学校即社会"，让学生充分体验职业的选择性、自主性、广泛性。在该课程中，学生在学校岗位中进行职业体验，在所选择的岗位中全天候跟岗实践，从而实现学生在学校进行生涯探索。该课程的优点是教师参与指导，保证学生的体验不会轻描淡写。

职业体验日课程岗位设置方法是：全年级学生一共分为七个小组，每个小组由三位教师带队，奔赴不同岗位进行实践。这些岗位包括：教师岗、图书管理员岗、物业管理岗、餐饮工作岗以及行为督导岗。在整个体验过程中，前期会下发职业体验手册进行指导，中期进行记录，后期进行职业体验交流分享。

对生涯教育而言，如何丰富学生的职业经历是极其重要的。育英学校充分利用校内资源，帮助学生在真实、安全的职业环境中体验并学习表达、沟通、协调的技巧，习得职业技能，感悟职业素质要求，体验职业辛劳，为学生真正走向职业岗位奠定扎实的基础，实现职业能力与心灵世界的双重成长。经历就是财富，丰富经历就是增进财富，功在眼前，利在未来。

(3)探索"人人有事做，事事有人管"的学生成长机制

育英学校推行"人人有事做，事事有人管"的学生成长机制并将其与职业体验结合在一起，以构建一种全员全天候校园化职业体验的创新机制。"人人有事做，事事有人管"指班级按照学生需求设置工作岗位，每个学生在班级中竞聘一个或两个岗位，上岗服务班级，半学期后进行述职评价，然后继续全盘变动岗位。这种职业体验式的岗位自荐、选择、履职、述职，可以有效培养、锻

炼学生在某个岗位(职业)工作中的表达能力、沟通能力与创新能力,提升学生对他人的理解包容能力、自身综合能力,并强化职业生涯中的合作意识、担当意识与敬业意识。

在全员全天候校园化职业体验活动刚开始实施时,老师、学生并没有认识到这种校园职业体验活动的重要意义,不够重视,但当学生在成长机制中获得锻炼,感受到其真实效果时,大家就欣然接受并积极参与实践。这种全日制实践体验,使每个学生不必千辛万苦寻找实践机会,而是在学校生活中就获得职业体验。在择岗与履职中,学生们并不是优先选择轻松的岗位,而是勇于尝试自己未曾体验过的岗位,以及工作难度较以前有所提升的岗位。之后,学生在履职过程中辛勤工作,或为展现能力,或考虑到班级、他人的评价,不偷懒不懈怠。其中,部分优秀的学生还会总结出简单有效的工作方法,以更好服务班级和他人。

全员全天候校园化职业体验培养了学生的合作、敬业素质与创新精神。岗位角色,唤醒了学生的自主发展意识、自主成长意识,激发了学生的责任感,学生习得了职业发展所需的基本能力,并形成了朴素的职业价值观。一学年四次岗位轮换,给学生全员全天候实践构筑了体验舞台,全方位帮助学生在实践中成长。

三、课程管理机制与评价方法

课程体系包含合理、完善的管理机制以及科学的评价方式。

1.建立学校课程管理机制

课程管理机制主要包括申报机制与审核机制,以及对应的管理体系。

建立课程申报审核机制。首先教师应聘选修课程对应岗位,编写开发选修课程方案,提出开发申请;经过批准后,通过校园选修课程网络平台发布课程;学生进行选课,根据学生选报情况审核开设课程名单,达到规定人数才可开课。

建立以课程研究院、年级组、学科组为核心的教学研究与管理体系和以班主任、任课教师为主的学生选课指导体系，由此，在课程的申请、开设、选课、教学、评价等方面形成了一系列规范、科学的管理制度，并通过育英学校选课走班管理系统实现网络化管理。

2. 对教师教学的评价

教师教学评价由教师的课程设计方案、对教学资源的利用、课堂中的评教评学、教学成绩四部分组成，各项占比分别为10%、20%、50%、20%，最终折合成等级进行核算。其中，课程设计方案由课程评审组进行评价，对教学资源的利用（包括教案、讲义、PPT等）由教学资源评价组进行评价，课堂中的评教评学由上课学生根据评价量表进行评价，教学成绩以学生的收获及获奖情况进行评价。具体评价规则由各评审组协商制订。

3. 对学生学习的评价

通过多层面、多维度的评价体系对学生学习进行科学评价。

采取形成性评价与总结性评价相结合的评价制度。学校将所有课程总体分为学科类课程和活动类课程两类，根据对应内容、授课方式制订评价标准。学生成绩由形成性评价成绩和总结性评价成绩两部分构成：学科类课程中其比例为40%和60%，活动类课程中其比例为60%和40%，特殊情况下也可以申请不同的权重。

依托综合素质评价信息管理系统对学生学习进行评价。学校依托北京市高中学生综合素质评价信息管理系统，以其中的修习课程与学业成绩、创新精神与实践能力两个方面的数据为依据，对学生研究型课程的学习情况进行评价。

针对基础型、拓展型、研究型课程，分别设置学分认定方法。在基础型课程中，每个模块的教学任务完成后，按照课标中五个等级教学目标的要求，举行终结性测试。对于基础型课程的学分，则依据每个模块对应的终结性测试以及过程性评价两部分成绩来确定。拓展型课程的学分认定注重学生的主动参与，学生只要积极参与拓展型课程的学习活动，并通过相应课程的达标测试，就可以获得学分。研究型课程的学分认定以学生是否自主开展研究性学习活动为标准，研究性学习活动必须由学生自己完成，教师起到指导作用，凡是未开展研究性学习活动的均不给予学分。学校还设置了奖励型学分，若学生有创新型成果，或在某一方面有突出表现，包括科技活动、学科竞赛等，即可给予其学分奖励。对于优秀学生，给予荣誉称号。

第十章

普通高中育人模式变革的路径样本——远程教学

在以信息化带动教育现代化的背景下,我国的北京、上海、成都等地一批普通高中学校借助信息技术,对传统教育进行大胆改革创新,在变革课堂教学方式、促进教育均衡发展、构建学习型社会等方面取得显著成效。我们将这种现象称为"名校教育信息化凸起现象"。成都七中作为西南地区的优质高中,通过推进全日制远程教学改革实践,提供了信息技术推动育人模式变革的路径样本。

一、全日制远程教学

全日制远程教学模式是一种新型教学形态。20世纪90年代末,随着互联网的广泛应用,我国政府较早认识到信息技术对教育发展的重要作用,发布《面向21世纪教育振兴行动计划》,其中专门设立了"现代远程教育工程"部分。这在我国教育领域掀起了一场网络教育、远程教育热,一夜之间出现了一批基于网络技术运用的远程教育,像中国人民大学附属中学、北京市第四中学、成都七中等一大批学校开展了远程教学活动,其目的是试图利用信息技术实现优质教育资源共享。

全日制远程教学,是指通过网络等现代信息技术,实况直播、录播教师课堂教学内容,远端学校师生通过收看、参与,从而实现"异地同堂"教学,共享优质教育资源的教学活动。

根据不同学段学生的年龄特征,全日制远程教学在小学、初中和高中阶段分别有不同使用方式和使用要求,通常情况下普通高中采用直播方式,即城市名校学生与远端学生同时上课;初中采用录播方式,即远端学校教师先学习名校教师课堂实录,一般延迟1~3天时间用录像上课;小学采用植入教学方式,即远端学校教师先学习名校教师课堂实录,再根据自己的理解重新进行教学设计,部分或全部将名校教师教学录像植入自己的教学中。

成都七中东方闻道网校是我国成立最早的从事网络教育的公司之一,也是全日制远程教学模式的创立者。2000年左右,我国基本上实现了普及九年义务教育的奋斗目标,然而,在现实中,一些偏远地区、贫困地区、民族地区教育环境比较落后。2000年12月,四川省委、省政府正式颁布了《四川省民族地区教育发展十年行动计划》,决定利用卫星技术打破时空限制,将城市优质教育资源引向广大落后地区,并初步建立民族地区远程教育体系。东方闻道网校的课堂教学直播思路和方案得到了四川省委、省政府的大力支持。2002年,成都七中东方闻道网校采用以卫星网为主、互联网为辅的教学传播模式,正式开始直播工作,将高中三年的"语、数、外、物、化"五门课程的课堂内容全程直播到远端学校,为云、贵、川、藏、甘五省份的中学提供全日制远程教学服务。

全日制远程教学模式良好的教学效果得到边远、民族地区师生的认可,并不断发展壮大,2005年已经由普通高中的直播,发展到初中全日制录播教学。为了巩固第一个十年行动计划实施成果,解决民族地区教育发展中存在的困难和问题,推进民族地区教育跨越式发展,夯实民族地区长治久安的社会基础,四川省委、省政府于2011年11月19日制定下发了《四川省民族地区教育发展十年行动计划(2011—2020年)》。鉴于全日制远程教学的效果显著,2012年四川省教育厅开始实施全日制远程教学二期工程,并将学校范围扩展到小学,实现了小学、初中、高中基础教育各阶段远程直播、录播及植入式教学的全覆盖,形成了完整的全日制远程教学体系。2017年,全日制远程教学又扩展到学前阶段的幼儿园。

二、全日制远程教学"四个同时"教学模式

为有效带动边远、民族地区学校发展,针对普通高中教育的特点,成都七中东方闻道网校通过对现有教学流程的改造,创造性地提出"四同时、四位一体"的远程直播教学模式。"四同时"就是"同时备课、同时上课、同时作业、同时考试",即实行前端教师与远端教师每周同时备课一次,共同分析教学重难点、探讨教学方法;远端学生和前端学生使用同一课程表,由同一位老师主导授课,采用同一作息时间,远端学校教师在课堂上协助成都七中教师进行教学;同时完成相同的作业;同时参加同一份试卷考试。"四同时"保证了成都七中的课堂教学及相应的管理要求原汁原味地落实到每一所远端学校,真正实现了"异地同堂"目的。

"四位一体"是指由把关教师、授课教师、远端教师和技术教师组成教师协作团队,在相同的时间、不同的空间的各自岗位上完成预定工作,发挥各自的职能。前端授课教师通常是在把关教师的指导下完成课堂教学任务,这样可以确保教学的高质量;远端教师在异地全程随堂上课,配合前端教师的教学工作,并根据学生学习情况,做好课前、课后的教学准备、辅导和管理工作,如要求学生课前预习、课后复习功课,进行作业批改、课后辅导,以及平时注意培养学生良好的学习习惯和正确的学习方法等;技术教师则要做好保证网络畅通、相关教学设备完好、教学信息传输高质量等工作。

全日制远程教学模式也可采取录播方式,即采用"四个同步、四位一体"和"四个协同"教学模式,这是对普通高中教学模式的改进。"同时"执行的任务变成了延迟的"同步"执行,通常情况下,远端学校教学会延迟1~3天使用前端学校教师课堂录像,这段延迟时间给了远端教师一定的发挥空间,他们可以根据本校学生实际情况,采取"四个协同"方式进行二次课堂教学设计,通过"增、删、停、补"等方式进行协同,提高教学的针对性和有效性。这种教学模式可以概况为"同步—协同—交互"模式(图10-1)。

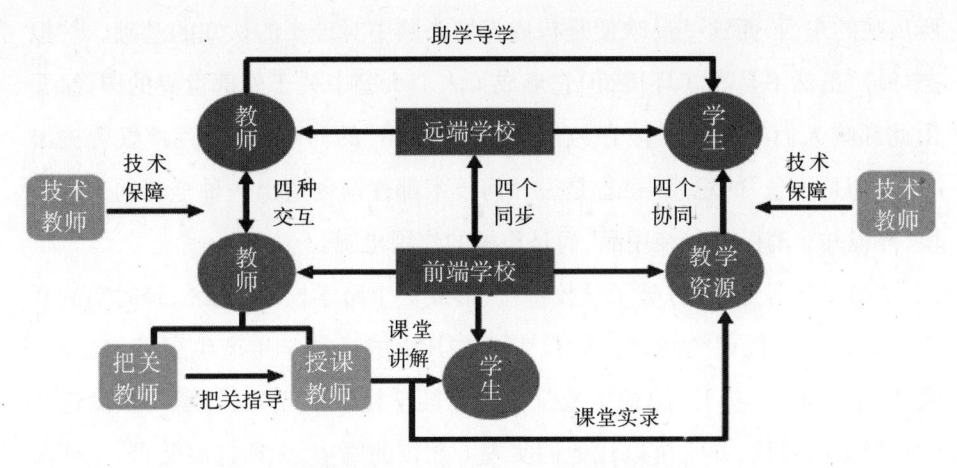

图10-1 "同步—协同—交互"模式

三、全日制远程教学重塑教育生态

全日制远程教学有效地将城市名校优秀教师的智慧传播到边远、民族地区学校，重塑远端学校教育生态，促进教育均衡发展，探索出了一条科学跨越、后发赶超、高效、低成本的且让边远、民族地区每一个孩子都能享受到优质教育的发展道路。

1. 创造"第二学习空间"，重塑学生学习生态

"第二学习空间"是指通过网络技术等，将城市名校教师课堂教学嵌入边远、民族地区学生课堂，从而为远端学生创造一个崭新的"拟态环境"。"拟态环境"，是指传播媒介通过对象征性事件或信息进行选择和加工，重新加以结构化以后向人们展示的环境。①"拟态环境"概念最早是由美国著名新闻学家李普曼提出的，并对世界新闻传播研究产生了深远影响。

早在20世纪初，李普曼就注意到人们对世界的认知并非都是直接的经验性接触，而大部分是通过传播媒介构建的"拟态环境"完成的。李普曼提出的"拟态环境"观点，是受到柏拉图"洞穴人"思想的影响的。他借助这个概念试图说明，在大众传播极为发达的现代社会，人们就像囚犯一样，只能看见媒介

---
① 郭庆光.传播学教程[M].北京：中国人民大学出版社,1999.

所反映的东西,而这些反映便是构成人们头脑中对现实的认知的基础。①"拟态环境"虽然不是真实环境,但它形成了人们头脑中关于外部世界的图像,并由此影响人们的行为。被誉为信息社会"先驱"的马歇尔·麦克卢汉曾提出"媒介即是讯息"的思想,意思是说任何技术都逐渐创造出一种全新的人的环境,环境并非消极的包装用品,而是积极的作用机制。

"第二学习空间"打破了学校壁垒,形成一个跨学校、跨地区、跨时空的开放与融合的大教育空间,对学习、生活在其中的远端学生产生了较大影响。通过"第二学习空间",远端学校学生与前端学校学生成为"同学",激发远端学校学生的自信,并且可以让他们实现上名校的愿望,无须远离父母,无须高昂的学费,在家门口就能享受到优质的教育资源。

"第二学习空间"有效扩大了优秀教师的"智慧圈"。"智慧圈"是一个重要的科学概念,《不列颠百科全书》将其定义为:"生物圈中受人类智力活动强烈影响的部分。"②优秀教师"智慧圈"是指直接受到优秀教师智慧影响的部分。一般来说,优秀教师的"智慧圈"主要有三个圈层:第一个圈层是在学校范围内,通常优秀教师的智慧影响几十名或几百名学生;第二个圈层是在集团学校范围内,优秀教师的智慧一般影响3～5所学校;第三个圈层是通过"互联网+"全日制远程教学等方式,将优秀教师的智慧与人体分离,实现远程智慧服务,影响成百上千所学校或者更遥远的地方,影响成千上万甚至无限多的学生,从而成百倍、千倍甚至万倍地放大优秀教师智慧,极大地释放出优秀教师的智慧的价值。

2.重塑教师专业发展生态

教师是教育之本。有好的教师,才会有好的教育。研究表明,全日制远程教学为边远、民族地区教师专业成长创造了良好环境,并开辟了教师培养新模式③——远程"师徒制"学习。

---
① M·麦考姆斯,T·贝尔,郭镇之.大众传播的议程设置作用[J].新闻大学,1999(2).
② 陈之荣.人类圈·智慧圈·人类世[J].第四纪研究,2006(5).
③ 张杰夫.全日制远程教学研究——"互联网+"时代中国边远、民族地区教育创新模式[M].北京:北京师范大学出版社,2018.

"师徒制"是人类教育后代、进行文化传承的主要途径。"师徒制"也称"学徒制",是指徒弟在师傅的指导下习得知识和技能的活动。远程"师徒制"是指徒弟远程接受师傅的指导而习得知识和技能的活动。远程"师徒制"可以大幅度提高远端教师专业素质,缩短远端教师成长周期。远端教师是在优秀教师教学的真实情境中学习,能习得优秀教师的思维方式和教学策略;远端教师是在教学过程中进行学习,实现"在工作中学习,在学习中工作";远端教师是在学习共同体、工作共同体中学习。调查结果显示,35.8%的远端教师直接将名校教师看作自己的"师傅"或"导师",高达91.1%的远端教师认为,在这种"师徒制"环境中,他们自己专业能力有了大幅度提升。成都七中原副校长罗清红认为,一般在个人比较努力的情况下,一位远端教师只要从高一到高三跟着直播教学走过一轮三年,就基本可以达到成都七中优秀教师的标准。

全日制远程教学将优秀教师的智慧传播到边远、民族地区学校,为远端教师提供了在职培训、校本培训之外的第三条专业发展途径,这相当于为远端学校提供了大规模的、长周期的、低成本的、高水平的教师在职培训。调查结果显示,83.9%的远端教师认为,这是边远、民族地区教师专业发展的一条比较现实、经济、有效的途径。

3. 重塑学校内涵式发展生态

边远、民族地区学校落后面貌的改变,必须依赖制度的变革。《政治、市场和学校》一书指出,国民教育的问题最终还是应归结到制度上。国内外大量研究结果表明,制度变革是推动学校教育发展的重要力量。全日制远程教学中,前端学校以"母鸡带小鸡"的方式,打破了学校发展校际和城乡间的割裂状态,创造出城乡学校相互依存、共同发展的新生态。远端学校通常采取的策略是,先从移植、模仿开始,然后再进行创新。这是远端学校实现跨越式发展的一条现实而有效的途径。调研中,康定中学校长认为,全日制远程教学让民族地区学校发展由县乡级公路一步跨上了国家信息高速公路,这种带动作用是其他任何方式无法实现的。调查结果显示,高达87.8%的校长、76.5%

的教师、89%的学生和84.4%的家长认为,全日制远程教学是促进边远、民族地区教育跨越式发展的一条有效途径。①

4.重塑社会文化生态

边远、民族地区教育的社会文化生态比较脆弱,存在恶性循环倾向。有学者在对中西部农村薄弱校的调查中发现,农村学校的一个共同特征就是不自信,家长对农村薄弱学校也表现出极度不信任,很少有人相信这些学校会给孩子更好的教育。②在开通全日制远程教学前,一些学习比较优秀学生的家长,通常会在孩子小学或初中毕业后,将其送到城市上学。这在一定程度上破坏了当地教育生态。调研中,有的校长说,一所学校如果留不住好学生,其他学生和学生家长就会对学校失去希望,学校也就快办不下去了。有了全日制远程教学,好学生在当地就可以上名校。一些全日制远程教学学校校长认为,引进直播教学就是引进希望!上了直播班就看到了希望!调查结果显示,82.9%的校长认为,全日制远程教学的运用坚定了边远、民族地区政府、学校和百姓对教育的信心。③

四、全日制远程教学取得的成效

利用信息技术输送城市优秀教师智慧,促进边远、民族地区教育实现跨越式发展,是我国教育之大事。21世纪以来,我国在利用信息技术从城市向农村、边远、民族地区"输送"优质教育资源,以促进其跨越式发展的道路上做了大量探索性工作,并在实践中逐渐形成两种不同发展模式:一是由国家自上而下发动的以"农远工程"为代表的模式一;二是由民间自下而上发起和推动的以全日制远程教学为代表的模式二。多年的实践表明,两个模式产生了截然不同的效果:模式一对于推动农村、贫困地区教育信息化建设发挥了重

---

① 张杰夫.全日制远程教学有效促进边远、民族地区教育发展的成因与启示[J].中国电化教育,2016(12).
② 鲍传友.农村薄弱学校的信心缺失与信任重建[J].中国教育学刊,2017(3).
③ 张杰夫.全日制远程教学研究——"互联网+"时代中国边远、民族地区教育创新模式[M].北京:北京师范大学出版社,2018.

要作用,但对于提高教学质量、实现"上好学"目标效果不明显。而以"输送"城市优秀教师智慧为主的模式二却取得了较大成功,大幅度提升了学生自信心等综合素质和学业成绩,从而使边远、民族地区教育面貌发生了革命性变化。①针对云南、贵州、四川、重庆、甘肃5省市11个地市28个县中开展全日制远程教学的学校的2600多名学生、教师和校长等的调查结果表明,全日制远程教学有效解决了长期困扰这些学校教育发展的五大核心问题②:

1. 大幅度提高了学生自信心等综合素质和学业成绩

扶贫先扶志,改变边远、民族地区教育面貌的根本在于助其树立自信心。在远程教学创造的"第二学习空间"中,城乡学生成为"同学",共享一流教育资源,这对远端学生来说是一种莫大的荣幸和激励,大大增强了他们的自信心。调查结果显示,52.3%的学生认为自己的自信心有了大幅度提升③。自信心对于学生的成长起着至关重要的作用。早在20世纪60年代,美国著名教育家科尔曼通过对64万名学生进行大规模调查发现,学生对同伴的成长具有重要影响,如果一个学校里大多数学生来自中产阶级家庭,那么所有学生,不管是白人还是黑人,都表现出比较好的学习成绩,而全是穷学生的学校,学生的成绩就普遍较差。究其原因,科尔曼认为,相比中产阶层的学生,穷学生缺乏一种改变和控制自己前途的自信。④

自信心的提升,有助于学生自身素质的提高。相关调查结果显示,接受全日制远程教学后,分别有67.9%、67.7%、62%和57.1%的学生认为自己在意志品质、自主学习能力、学习习惯和学习方法等方面有了较大进步。⑤综合素质的提升,最终带来了学业成绩的提高。相关调查结果显示,有47.1%的学生

---

① 张杰夫.全日制远程教学有效促进边远、民族地区教育发展的成因与启示[J].中国电化教育,2016(12).
② 张杰夫.全日制远程教学研究——"互联网+"时代中国边远、民族地区教育创新模式[M].北京:北京师范大学出版社,2018.
③ 张杰夫.全日制远程教学研究——"互联网+"时代中国边远、民族地区教育创新模式[M].北京:北京师范大学出版社,2018.
④ 童大焕.从"北师大报告"说到"科尔曼报告"[J].世界教育信息,2005(7).
⑤ 张杰夫.全日制远程教学研究——"互联网+"时代中国边远、民族地区教育创新模式[M].北京:北京师范大学出版社,2018.

认为自己的学习成绩有了大幅度提高。综合素质和学业成绩的提升,让一大批学生在高考中脱颖而出,考上了省内知名学校,甚至考入北大、清华等全国名校。[①]

2.缩短了教师专业成长周期,培养出一批优秀教师

有学者曾指出,要从根本上改变农村教师资源薄弱的状况,应从两个方面考虑:一是如何让城市优秀教师长期直接对乡村学生实施教育、教学活动指导;二是如何直接利用城市优质教师资源帮助农村教师实现专业技能的提升。[②]显然,传统条件下这两条路径都是行不通的。

全日制远程教学创造出的"在工作中学习,在学习中工作"的"师徒制",特别适合远端教师的专业成长。一般来说,由一名新教师成长为一名合格教师、优秀教师,甚至名师,要经历一个较长的发展周期,走过一系列发展阶段。20世纪90年代初,休伯曼等人通过对瑞士教师的调查研究,从教师职业生命的自然老化的视角提出教师职业发展五阶段理论:①入职期,时间是入职的第一至第三年,是"求生和发现期"。②稳定期,时间是工作后的第四至第六年。这一时期教师逐渐适应了自己的工作,并且能够比较自如地驾驭课堂教学,形成自己的教学风格。③实验和转变期,时间是工作后的第七至第二十五年。该阶段是教师职业生涯的转变期,教师的转变有两个方向:一方面,教师开始对自己及学校的各项工作大胆地进行求新和力求改革,另一方面,单调乏味的重复教学使教师对自己的职业产生了倦怠感。④平静和保守期,时间在从教的第二十六至第三十三年左右。⑤退出教职期,时间是教师工作的第三十四年以后,教师的职业生涯进入逐步终结的阶段。

全日制远程教学有助于远端教师专业发展,大大加快了远端教师成长,从而打破了休伯曼的教师职业生涯周期理论。如"入职期"参加远程教学项目的新教师,大概经过三四个月就能适应教学工作,并进入积极探索阶段。

---

① 张杰夫.全日制远程教学研究——"互联网+"时代中国边远、民族地区教育创新模式[M].北京:北京师范大学出版社,2018.
② 熊才平,方奇敏.信息化环境下的教师资源配置城乡一体化:理论与构想[J].电化教育研究,2007(4).

之所以能够取得这样大的进步,这与全日制远程教学创造的教师专业发展环境是分不开的。在对成都七中的教师的访谈中,一位化学老师说,全日制远程教学为青年教师成长创造了最快、最佳成长途径。成都七中原副校长罗清红认为,一般在个人比较努力的情况下,一位远端教师只要从高一到高三,跟着直播教学走过一轮三年,就基本可以达到成都七中优秀教师的标准。[1]多年来,全日制远程教学为边远、民族地区学校培养了大批优秀教师,也为边远、民族地区教育发展奠定了坚实基础。

3. 链式发展,有效丰富了名校优质教育资源

如何为边远、民族地区学校提供能够用得上、用起来、有成效的优质教育资源,一直是困扰教育界的难题。全日制远程教学采用"链式发展"方式,实现了名校与远端学校教育资源的生产、使用、管理与评价一体化,这在我国教育信息产业尚不成熟,还不足以为使用者提供满意的服务的情况下,对解决边远、民族地区学校优质教育资源短缺问题具有重要的现实意义。如成都市实验小学2012年刚进行远程植入式教学时,就可以带动80所远端学校,而现在远端学校数量已翻了几番。

全日制远程植入教学以"母鸡带小鸡"、名校带动薄弱校发展的模式,探索出边远、民族地区学校与城市名校实现五大融合,即教学模式融合、教学工作融合、优质教育资源融合、文化融合、学校管理融合,从而整体提升区域教育发展水平。

4. 以现代文化为引领,塑造了一代新人

边远、民族地区学生成才、教师成长和学校发展,从根本上来说是文化的进步。长期以来,边远、民族地区教育处于落后状态,这与该地区存在着的文化贫困现象有直接关系。边远、民族地区教育要想摆脱落后状况,就要从文化上进行突破。

全日制远程教学使城市名校文化与远端学校文化相互交融,形成了一种

---

[1] 张杰夫.全日制远程教学研究——"互联网+"时代中国边远、民族地区教育创新模式[M].北京:北京师范大学出版社,2018.

"血脉相连,血气相通"关系,名校的办学理念、价值追求和管理模式潜移默化地影响远端学校文化,让边远、民族地区师生经历城市文明洗礼,使他们沐浴在先进文化中。在全日制远程教学中,远端学生几乎每天与城市学生屏幕相见,特别是教学过程中的"课前三分钟,分享感受""课间十分钟",以及双方学校共同举办的主题活动、"大班会"、文体活动等,让远端学生开阔视野、提升认知、增长知识,促进了城乡、民族间学生跨文化交流,重塑了远端学生的价值观和情感世界,使其向更好发展。

5. 全日制远程直播教学取得的成功经验得到普遍认可

经过多年发展,成都七中的全日制远程教学已经覆盖了云、贵、川、晋、甘、赣、渝等省份700多所学校,创造了30万名学生同时在线学习的世界最大的学校,让西部100多万名学生和8万多名教师受益,不仅受到边远、民族地区百姓的认可,也得到了各级领导的高度认可。2012年9月5日,在全国教育信息化工作电视电话会议上,时任国务院副总理刘延东听取了四川省教育厅"四个统一,合作多赢"的全日制远程教学经验交流后,对四川探索城乡学校利用网络"同时备课、同时授课、同时作业、同时考试"的做法给予了高度评价;2013年1月7日,俞正声到康定中学视察,对全日制远程教学为康定中学带来的可喜变化给予了高度肯定;2015年5月,在联合国教科文组织国际教育信息化大会上,时任教育部副部长杜占元向来自90多个国家的代表介绍了中国教育信息化成功案例之一的全日制远程教学模式;2016年9月,为加快边远、民族地区教育发展,教育部在四川省甘孜州召开教育信息化推进工作现场会,宣传推广甘孜州教育信息化典型经验。

全日制远程教学模式也得到了国外专家和有关人士的高度赞扬。2006年4月,在英国伦敦伊顿公学召开的"第二届国际名中学校长论坛"上,成都七中原校长王志坚做了《成都七中全日制远程教学》的报告,与会的专家惊叹,一所发展中国家的中学居然在网络教学方面走在了世界的前列,有专家称这是"中国教育奇迹"。2014年3月25日,美国前总统奥巴马夫人米歇尔一行来到成都七中访问,对全日制远程教学给予高度评价。她一走进正在上英语课的直播班就对学生说:"我很激动能见到你们,我是来向你们学习的。我对你们在七中的生活很感兴趣,也对你们开展的远程教育项目非常感兴趣,这听起来很令人激动。"在回答学生的提问中,米歇尔说:"我认为让全世界的每个孩子都有机会享受优质教育十分重要。远程教学模式十分优秀,可以让远离成都七中的孩子也能享受到高质量的教育。"

全日制远程教学,创设了将城市优秀教师智慧输送到最需要的地方的新型教学模式,为促进我国教育均衡发展、实现教育公平探索出了一条新路。

后　记

本书系中国教育科学研究院中央级公益性科研院所基本科研业务费专项资助项目"新时代普通高中育人方式改革研究"（GYH2019008）的研究成果，由中国教育科学研究院区域教育研究所李建民组织完成。

本书是团队合作、协同创新的结果，凝聚了课题组成员集体智慧。课题主持人李建民负责该书的整体设计、编写推进，并对全书内容进行统稿和修订。各部分内容具体分工如下：前言、第一章、第三章、后记由李建民（中国教育科学研究院）执笔，第二章由朱忠琴（山东师范大学）执笔，第七章、第十章由张杰夫（中国教育科学研究院）执笔，第四章由牛楠森（中国教育科学研究院）、韩喆（北京师范大学教育管理学院）执笔，第五章由李红恩（中国教育科学研究院）执笔，第六章由王玉国（中国教育科学研究院）、刘宏清（南京师范大学灌云附属中学）执笔，第八章由邓大龙（南京教育科学研究所）执笔，第九章由赵佳（北京市育英学校）执笔。

本书在完成过程中得到了教育部基础教育司有关领导的指导、支持和帮助，得到了中国教育科学研究院领导的大力支持和鼓励，从框架形成到具体编写提供了宝贵意见；得到了其他有关单位和专家的鼎力相助与大力支持，在此，课题组一并表示感谢。

路漫漫其修远兮，吾将上下而求索。普通高中教育改革研究是一场未完

后记

的旅程,更是一条不断完善和优化的创新之路。这一路上有团队的相伴和扶持,有前辈的点拨和建议,有亲人的支持和鼓励,也更需要同行的交流与对话。希望本书的出版能够引起广大读者的共鸣,更加关注我国普通高中育人模式改革,也希望广大读者批评指正。

李建民

参考文献

[1]刘月霞.普通高中课程改革40年(下)[J].人民教育,2018(24).

[2]付宜红.2020年修订版普通高中课程方案及标准的主要变化及有关考虑[J].基础教育课程,2020(13).

[3]李建民,陈如平.新时代普通高中教育转型发展关键在育人模式变革[J].中国教育学刊,2019(9).

[4]陈建华.论中小学办学理念的提炼与表达[J].上海师范大学学报(哲学社会科学版),2020(4).

[5]王定华.改革开放40年我国外语教育政策回眸[J].课程·教材·教法,2018(12).

[6]石中英.关于中国学生发展核心素养的哲学思考[J].课程·教材·教法,2018(9).

[7]杨清.学生发展指导的学校综合推进策略[J].中小学管理,2020(2).

[8]朱忠琴.论学生的课程理解[J].课程·教材·教法,2018(12).

[9]联合国教科文组织国际教育发展委员会.学会生存——教育世界的今天和明天[M].上海:上海译文出版社,1979.

[10]张杰夫.全日制远程教学研究——"互联网+"时代中国边远、民族地

区教育创新模式[M].北京:北京师范大学出版社,2018.

[11]朱永新.走向学习中心:未来学校构想[M].北京:中国人民大学出版社,2020.

[12]王家源.高中阶段教育普及攻坚取得积极成效[N].中国教育报,2020-4-13.

[13]赵西娅.12月1日起我区将全面实施高中阶段免费教育[N].新疆日报,2017-11-19.

[14]许蔚菡.厦门今年起高中逐步实施免费教育到2020年将全面免费[N].海溪晨报,2017-8-17.